守望东巴

云南宁蒗油米村
摩梭人文化志

宋一青 孙庆忠 生根 等 著

中信出版集团 | 北京

图书在版编目（CIP）数据

守望东巴 / 宋一青等著. -- 北京：中信出版社，2024.8
ISBN 978-7-5217-5114-7

Ⅰ.①守… Ⅱ.①宋… Ⅲ.①金沙江流域－文化史－西南地区 Ⅳ.①K297

中国版本图书馆 CIP 数据核字（2022）第 250962 号

守望东巴
著者： 宋一青 孙庆忠 生根 等
出版发行：中信出版集团股份有限公司
（北京市朝阳区东三环北路 27 号嘉铭中心　邮编　100020）
承印者：北京盛通印刷股份有限公司

开本：880mm×1230mm 1/32　印张：9.5　字数：224 千字
版次：2024 年 8 月第 1 版　印次：2024 年 8 月第 1 次印刷
书号：ISBN 978–7–5217–5114–7
定价：108.00 元

版权所有·侵权必究
如有印刷、装订问题，本公司负责调换。
服务热线：400-600-8099
投稿邮箱：author@citicpub.com

共同创作者

作者

李管奇 梁海梅 宋一青 孙庆忠 田秘林 张艳艳 赵天宇 庄清莱

受访者

阿嘎土 阿公塔 阿泽里 阿泽玛 生根（杨文国）石阿鲁 石巴米 石次尔
石嘎玛 石嘎土 石嘎佐 石哈巴米 石开佐 石克米 石丽妹 石玛宁 石农布 石瑛 石永强
石玉宝 石玉婷 杨宝荣 杨博米 杨多吉扎实 杨嘎汝 杨嘎土 杨给苴 杨玛佐 杨艳
杨永华 杨玉婷 杨泽礼 泽礼甲初

国际音标记音

和丽昆 衣莉

摄影

丁振东 秋笔 左凌仁

（按姓氏音序排列）

目录

导言　无量河畔摩梭人的生活画卷　1
　　三大姓氏的迁徙与亲族网络　2
　　山川护佑的聚落与生境　4
　　东巴文化的根脉与习性　7

上篇　山肚子里的岁月　10

第一章　人神共居　13
　　虎头山　17
　　牌坊石　18
　　象山　21
　　无量河　23

第二章　人居聚落　27
　　老祖屋　28
　　土掌房　31
　　主屋格局　37

第三章　亲族网络　　　　　　　43

　　石姓家族谱系　　　　　46
　　杨姓家族谱系　　　　　49
　　阿姓家族谱系　　　　　53
　　姑舅表优先婚　　　　　56

第四章　山地农耕　　　　　　　65

　　狩猎采集　　　　　　　67
　　田与地　　　　　　　　71
　　老堰沟　　　　　　　　74
　　大春与小春　　　　　　77
　　播种五谷　　　　　　　82
　　饲养六畜　　　　　　　88
　　木犁铁铧　　　　　　　95

第五章　饮食肴馔　　　　　　　103

　　猪膘肉　　　　　　　　106
　　牛头饭　　　　　　　　110
　　苏里玛　　　　　　　　112
　　原味之食　　　　　　　115

第六章　巧匠织娘　　　　　　　119

　　石匠　　　　　　　　　120
　　铁匠　　　　　　　　　123
　　篾匠　　　　　　　　　128
　　皮匠　　　　　　　　　132
　　兽医　　　　　　　　　136
　　织娘　　　　　　　　　138

下篇　仪式浸润的村庄　144

第七章　长者权威　147
东巴　148
族长　156
家长　159

第八章　人生仪礼　165
婴儿起名　165
成丁礼仪　171
婚姻礼俗　175
花甲礼俗　178
丧葬礼仪　181

第九章　岁时节庆　189
摩梭新年　191
妇女沐浴节　204
尝新麦、吃新米　207
七月十三转山节　208
杀猪祭祖　212

第十章　东巴什罗　215
仁以爱人　215
仁者东巴　221
东巴经书　223
东巴法器　230
东巴舞蹈　238
仪式面偶　240

第十一章　通灵祈吉　　　245

　　祭天仪式　　　　　　248
　　祭风仪式　　　　　　249
　　祭水龙仪式　　　　　250
　　消灾仪式　　　　　　251
　　放生鸡仪式　　　　　253
　　退口舌仪式　　　　　254
　　祭胜利神仪式　　　　255

第十二章　山外世界　　　257

　　甲区路　　　　　　　260
　　老熊路　　　　　　　262
　　开若路　　　　　　　264
　　革囊渡　　　　　　　265
　　谋生路　　　　　　　266
　　寻经路　　　　　　　268
　　文化路　　　　　　　271

后记　　　　　　　　　275
附录　　　　　　　　　277

导言

无量河畔摩梭人的生活画卷

　　1929年，被西方学界誉为"纳西学之父"的约瑟夫·洛克[1]，经四川木里前往贡嘎雪山考察，途中发现了居住在无量河一带的摩梭人支系"Zher-Khin"（日新人）。1947年，他将纳西文化推向世界的著作《中国西南古纳西王国》面世，在这里他三次提及了一个当时仅有13户人家的村落——Yu-mi（油米）。洛克之后，被称为"纳西文化研究的拓荒者与奠基者"的李霖灿，曾于1943年历时8个月寻访"么些族迁徙路线"，并在关于这一区域的记录中提到一个叫作"药眯"的村寨。20世纪60年代，民族学家詹承绪曾到访油米村。80年代，和发源、和力民等纳西学研究专家在此调查宗教仪式与丧葬习俗。新世纪以来，以抢救中国西南濒危文字为己任的语言学家赵丽明，以及钟耀萍、杨亦花等年轻一代学者，多次到访油米。那么，这个偏远的摩梭人村寨为什么会有如此魔力吸引一辈辈学者的目光？信奉东巴教的村民当下过着怎样的生活？

1　约瑟夫·洛克（1884—1962年）是美籍奥地利探险家、植物学家、地理学家，曾于20世纪初在滇川边境、西藏等地考察，因对纳西族文字、语言、宗教、文化颇有研究，被后世誉为"纳西学之父"，著有《纳西语英语百科辞典》《中国西南古纳西王国》等书。

为了全面呈现村落的文化形貌，探寻东巴文化对乡村发展的价值，2018 年 8 月至 2021 年 7 月的三年间，我们曾经 6 次驻扎油米村，遍访了全村每一户人家，并通过数次采访东巴和侠武[2]，追溯油米村的历史，记录了村庄生活的基本形态。

三大姓氏的迁徙与亲族网络

在金沙江的蝶形大湾附近，也就是川滇交界的无量河干热峡谷地带，居住着一个古老的族群——摩梭人的一个支系"阮可"，其语意是"江边人"。[3] 他们散居在四川省木里藏族自治县的俄亚纳西族乡、依吉乡，云南省香格里拉市（原中甸县）的三坝纳西族乡和洛吉乡，云南省丽江市古城区的大东乡、玉龙纳西族自治县的宝山乡、奉科镇，以及宁蒗彝族自治县（以下简称宁蒗县）的拉伯乡，总人口约 7 000 人。

油米村隶属于拉伯乡的加泽行政村，其汉字谐音地名"油米"在阮可语中的含义是"团结的村子"。截至 2020 年底，这个村落有 83 户 405 人。除了两户冯姓汉族人家之外，其余 81 户皆为摩梭人，其中石姓 28 户，杨姓 33 户，阿姓 20 户。目前村里有 9 位东巴和 2 位侠武，终年为老百姓消灾驱邪，传递东巴文化的香火。一个小村落里

---

2 东巴是东巴教的祭司，负责主持宗教仪式，传承东巴文化；侠武是东巴的助手，辅助仪式的进行。——编者注
3 在我国的民族识别中，摩梭人被认为是纳西族的一个分支，但实际上摩梭人的族群认同存在内部差别，本书中依具体情况，尊重油米人的族群认同，将纳西族和摩梭人分开来讲。

有如此多的东巴教祭司，在整个区域内也实属少见。走到这里，视听所及之处，无论是村落外部形态，还是一年400多场大大小小的仪式活动，都令人感觉这里好像是远离喧嚣的神秘之所，是一个被现代化遗忘的地方。

油米村的祖先从何迁徙而来？三大家族的东巴经书《超度经》记载着祖先迁徙路线图，他们通过超度仪式把去世的亲人送回祖先来的地方，超度的终点都是遥远的喜马拉雅山。除了《超度经》记录祖先迁徙足迹之外，依据石姓、杨姓和阿姓的《祭祖经》和家族谱系图推算，油米村有300多年的历史。具体言之，摩梭语的"石"在汉语中指"谷子"，说明他们有了农耕生活后才有了石姓。石姓石玛宁东巴家族的《祭祖经》里记录了8代119位祖先，其中来油米生活的祖先有8代共102位。摩梭语的"杨"在汉语中指"一种山野菜"。杨姓杨多吉扎实东巴家族的《祭祖经》记录了35代共91位祖先的名字，其中来油米生活的祖先有11代共54位。摩梭语的"阿"在汉语中指"我"，阿姓阿公塔东巴介绍他们在托甸的亲戚姓熊，阿姓是来了油米村后的姓氏。他们家族的《祭祖经》里记载了6代祖先共71位，其中来油米村生活的祖先有4代共68位。

这里最值得言说的是，姑舅表优先结婚是石姓、杨姓、阿姓之间世代通婚最常见的方式，并严格遵守族内不婚的规定。据我们驻村调研统计，全村有35户的户主与配偶有亲戚关系，其中25户是姑舅表亲通婚。因此，这里的亲族网络是亲连亲、亲上加亲。油米人的婚姻对象主要靠父母指定，他们尊重父母的选择，认为父母为其挑选的就是最好的。

摩梭人的东巴经《梭梭库》[4]中说："不是舅父儿，不能占有姑母女。"父母优先考虑姑舅表结亲，再请东巴根据男女双方的辈分、属相、五行等测算。如果这门亲事不合，即使双方父母都同意，也会再找其他人。

在三大家族相互联姻的婚配模式中，悔婚和越辈结婚是大禁忌，油米人严格遵守禁忌，否则将受到家族甚至全村的非议，家族的族长会把先悔婚的一方赶出油米，永远不准回村。正是这种婚姻制度，将三大家族庞大的亲属关系紧紧地联在一起。

山川护佑的聚落与生境

油米村的石家、杨家、阿家三支人（族系）沿着不同的路线迁居至此，其独特的迁徙路线形成了油米人的方位观和生命观。《梭梭库》里说：河流上游为北方，下游为南方；日出为东方，日落为西方。东巴象形文字中有一个字可分为上下两部分，上面是北方的青海湖，下面是南方的金沙江、澜沧江、怒江之"三江并流"。因此，江河流向是确定南北方位的依据，河流上游即为北，河流下游则为南，这种与众不同的方位观，显然与油米人的迁徙历程、生存环境密不可分。

---

[4] 摩梭人神话叙事诗，主要叙述天地万物与人类的起源和演化发展，与纳西族东巴经书《崇搬图》相似。《梭梭库》认为世界由气体演化而来，《崇搬图》认为世界由光演化而来。《梭梭库》《崇搬图》均直译为"人类迁徙记"，汉译本一般译为《创世纪》。

图 0-1 东巴文中表达油米摩梭人沿"三江并流"路线迁徙的文字

事实上,这种方位观对于油米人不仅意味着方向的确定,也关乎着他们的生命轮回,不仅浸透于日常生活和节庆礼俗,也是他们心灵归宿的指引。油米人相信永生,他们常说人在哪里出生,死后就要回到哪里去。人生的终点是回到自己来时的地方,回到祖先身边。在超度仪式中,东巴将逝者原路送回,途径 64 个地方,终至祖先来处。每个家族的《超度经》都详细记载了各自的迁徙路线和途经之地,而《祭祖经》则将本家族祖先的名字全部记录在册,这是油米人与祖先沟通的独特方式:人有来处,魂有归宿。

除了方位观,油米人的摩梭新年和历法算法也是独特的。杨多吉扎实东巴说:"我们是看星宿的民族。"在油米人的历法中,每个月都是 30 天,没有大小月之分,没有冬月腊月的概念,多余的天数被放在杀猪节和新年之间。新年日期的确定完全依靠太阳的方位。太阳一年之中有两个"窝子",即冬至窝子和夏至窝子。《梭梭库》里说,太阳在冬至窝子往回移动的这一天便是极点,意味着新的一年开始了。

确定摩梭新年是一项古老的传统技能,过去有很多老人和东巴会看日子，观察太阳在山坳间的运动，以此确定摩梭新年开始的日子。独特的摩梭人历法决定了油米人的新年不同于四川省凉山州木里县俄亚乡的纳西族，也不同于云南丽江的纳西族。即使与邻近的树枝村、次瓦村这些同为"阮可"支系的村子相比，油米村的新年也是最独特的。这里的新年要过13天，以正月初一烧天香为始，以正月十三转虎头山为终。[5]

有了独特的空间方位和时间观念，油米人看周边的大山，情意自然不同。东巴经书中的神山有一百多座，以东、南、西、北、中五个方位的守护神最为重要。所有东巴仪式都是从东方开始顺时针轮转，依次是南方、西方、北方。东方的神叫"阿曾曾布"，坐骑是一只红色的老虎；西方的神叫"那刺错"，骑一头金色的大象；南方的神是"斯日芒古"，坐骑是一条青龙；北方的神是"沃次空巴"，坐骑神兽是一只水獭；中间方位的神叫"斯日曾古"，骑的是大鹏鸟。东巴仪式中的舞蹈动作遵循上述各方位神兽的动作要领，提到东方之神便模仿老虎的动作，提到北方之神便模仿水獭的姿态。除五尊方位之神灵，传说藏区活佛安悟依实去鸡足山路过油米，为此地的自然神取了名字，其中"东里贡嘎"是骑大象的神，"斯里日达"是骑白虎的女神，"努布里"是骑大鹏鸟的武神，"庞玛卓玛"是骑白马的女神。四个山神与油米周边的山并没有对应关系，名称却专属于油米村，邻近的树枝村、次瓦村、争伍村都没有这些叫法。

---

[5] 油米的摩梭新年时间为农历十二月初一至十三，这里的"正月初一"为依从当地人的说法，后文无特殊说明的，摩梭新年正月即为农历十二月。

居住在山川河谷之间的油米人，在沧桑岁月中磨砺出与自然和谐共生的生存智慧，让艰苦环境下的生活有礼有节、精神充盈有力，这样的智慧在东巴文化中无处不在。在油米人的心灵世界里，山上住着山神，河里住着水神，如果心中的神明消失，身边的山川河流也岌岌可危。正是在这种观念的滋养下，靠山吃山、靠水吃水的油米人爱护山林里的一草一木，敬畏大自然的气象万千。

东巴文化的根脉与习性

与神山为伴，与圣水为邻的生存环境，决定了油米人的生活态度和日常行为。在这里动物、植物、山石、河流皆有灵性。最为有趣的是，村里的每一头牛都有自己的名字，孩子们会说出它的特征、它的主人。这是一个对有情生命和无情生命都寄予了情感的地方。身处其中，"生活在别处"的感受时时被唤起，一个又一个深度思考文化价值和生命意义的时刻接踵而至。行走在高低错落的街巷之间，眼前一座座土掌房顶的烧香塔静静伫立，听闻的是从火塘天井上传来的此起彼伏的东巴诵经声、鼓声、摆铃声与海螺声。身处此情此景，对"他者"、对"异邦"的诗意想象顿袭心头。

东巴经书里讲，人与自然是兄弟。这是油米人在生产生活中积累的智慧，也是东巴文化的教益。油米人认为，神山上的树木切勿砍伐，水源地四周必须保持洁净，砍伐竹木要依照四时节气。因此，建房取材、开垦耕地、渡河求财，都要举办各类仪式求得神灵同意。油米人对大自然的敬畏由心而发、融入日常，构建了一套集山林采集、梯田耕作、山野放牧、江边渔猎于一体的复合系统，谷物草药、野果珍菌、油茶酒浆、乳酪腌肉、沤肥薪柴等多样性的资源，便是大自然给予他们的丰厚回报。

油米村既有山川河流所怀抱的容身之所，也有心之所系的祖先神明。因此，活态、节制、持续是油米人与自然互动的秘籍。他们与自然协调互动，其智慧之一体现在，利用大春小春之季节变换发展轮作休耕，利用作物种类之丰富多样实施间作套作，利用高山梯田之高低不一来层次分明地进行就地取材。在农林复合、农牧结合的循环模式下，土地、种子、水源、气候乃至海拔等有形无形的生态资源都得到充分利用。其智慧之二体现在，村中拥有众多精于各种技艺的巧匠织娘，砌石铸铁、编篓鞣革，劁猪骟马、织麻纺衣，这些精湛的本事是油米人善用、巧用、活用传统智慧和器具以满足生产生活、节庆仪式之所需的生动体现。

除了每日勤勉劳作，油米人的每一个重要人生节点都有隆重的仪式相伴——婴儿起名仪式、13岁成人仪式、逝者超度仪式，等等。因此，他们的生命历程是饱满的，一个人从生到死都有东巴相伴左右、迎来送往。在生命的终点时刻，东巴在超度仪式上将逝者亡灵送归，与祖先接续。个体虽有生死明灭，东巴文化的根脉却生生不息。

村里的文化人说，油米村是"山肚子"里的村庄，油米人过的是"穷欢乐"的日子。这里除了各种仪式活动，还有连续不断的节日庆典，从摩梭新年伊始便安排得满满当当。正月初一至十三是油米人的新年，转山、祭山神、祭水龙王、祭河神；三月十三妇女来到无量河边沐浴，这是油米村女性专属的节日；四月尝新麦孝敬岳父母和祖先；七月十三转山节祈求风调雨顺；十月初一尝新米再次孝敬岳父母和祖先；十一月在杀猪祭祖中迎接新一年的到来。

人生轮转，礼随四季。房屋中的顶天柱和火塘边的神龛表达的是油米人对祖先的敬重，一日三餐和收受的礼物第一时间供奉祖先；仪式活动中的牺牲献祭，敬奉的是对神灵的心意；节日庆典时亲戚间的走动更是礼数周到。这些无须刻意为之的观念与行为，使油米村的生活节奏始终井然有序。这种富有人情味的交往方式，也让村民觉得无论哪里都比不上"让人安心"的油米村好。

在东巴和村民的讲述中，共同的信仰与传承方式、共享的自然环境与文化习惯，使村中那些好像随风而逝的岁月得以清晰重现。那些表面上看只关乎个人生活和家庭的叙述，呈现的却是一个丰富的社会谱系。正是通过这样的方式，我们走进了摩梭人的生活。那些具有标志性意义的村落事件，以及那些具有东巴文化印记的符号载体，就像那永不停歇的无量河水一样，在我们的身旁、在我们的指尖、在我们的心中流淌。

文 / 孙庆忠 李管奇

上篇

山肚子里的岁月

第一章
人神共居

在喜马拉雅山脉与横断山脉交会处，金沙江、澜沧江、怒江在高山峡谷中并流奔腾，造就了景观、物种、文化丰富的"三江并流"区。沿金沙江向下游走，经过玉龙雪山，在雅砻江、木里河、无量河交汇的地区，横亘着一座被原始森林覆盖的大山，大山迤西至四川省凉山州木里县和云南省丽江市宁蒗县的边界，因地处云南西北的宁蒗县拉伯乡加泽村坐落于此，被当地人称为加泽大山。美国植物学家约瑟夫·洛克曾于20世纪20年代途经此地，流连于高山原始森林的绚丽景色：草甸湖泊散布其中，飞鸟走兽穿行其间，云蒸霞蔚，气象万千。

在云南宁蒗县拉伯乡的无量河畔，一个叫油米的村子依傍在加泽大山的怀中。油米村北靠虎头山，东临象山，西北侧的神龙山向下延伸至无量河边，在山川滋养下孕育出丰富而独特的生态文化。据老人回忆，油米村周边郁郁葱葱的山林中有着丰富的动植物资源：植物有松树、杜鹃、清香木、岩桑、栎树、樟木、乌木、滇橄榄、仙人掌等，动物则有熊、麂子、刺猬、野鸡等。村里有很多以动物命名的地名："博阔"意为刺猬洞，因为这里刺猬最多，"拖阔"意为松鼠出没的茂盛松林。

川滇交界的无量河两岸居住着外人称为"阮可"的摩梭人支系，"阮可"意即"居住在江边干热河谷的人"，也有"与世无争和坚强隐忍的人"之意。1937年，洛克在《华裔学志》[6]上发表论文，宣布他在川滇交界的无量河一带发现了一个有别于纳西族和摩梭人的独特族群，他称之为"日新人"，油米村就是这个族群的聚居地之一。[7]

在洛克的记述中，居住在无量河一带的"日新人"从四川境内的贡嘎雪山迁徙而来。油米村的人有石姓、杨姓、阿姓三支，按照油米人自己的说法，他们是从阿里高原迁徙而来，途径贡嘎雪山，但每个家族的迁徙路线不同。第一个来到油米村的石家祖先石佑左，从水洛河上游的四川迁徙而来；杨家祖先杨古玛被永宁土司从附近的次瓦村派往这里，帮助石家戍卫边界；阿家先祖阿洋玛若从托甸村来油米村周围放牧，与石家联姻并定居在此。三个姓氏家族的祖先在此定居后繁衍生息、开枝散叶，随着人丁兴旺，世居的老屋已无法容纳，于是儿女子孙不断向外扩散，形成上、中、下的村落格局。

说起油米村最为独特之处，便是东巴和东巴文化。油米村这个仅83户人家的村庄目前有9位东巴活跃在乡里，东巴是油米人的灵魂慰藉者，他们为父老乡亲护佑祈福，为东巴文化延续香火。东巴文化是油米村的"魂"，油米人供奉祖先、祭拜神灵、驱避妖鬼，都须由

6　J. F. Rock, F. R. G. S, *The Zher-Khin Tribe and their Religious Literature*, Monumenta Serica, 1937 (3): 171–188.

7　我们在本书中将油米村的"日新人""阮可人"等统称为摩梭人，这与当地的习惯说法和目前主流的叫法一致。

第一章 人神共居

图1-1 群山怀抱的油米村 / 秋笔摄

东巴主持，由东巴在仪式中与之对话，通灵驱邪。东巴是神圣的智者，他们通过仪式为村民消灾降福，东巴也是俗世温良的仁者，他们疗愈个体的创伤，卜算家庭的婚丧嫁娶，教化村民与山林相处共生。

维系东巴文化的血脉，离不开东巴的大仁大智，油米村"藏经于民"的文化氛围亦功不可没。德高望重的杨多吉扎实东巴一直坚持，村里每户人家都该有一个成年男子会念《烧香经》，读得懂《烧香经》。在油米人的日常礼俗中，无论村里哪家人修葺、新建房屋，烧香塔必不可少，无论是日常起居还是节庆仪礼，烧天香仪式处处可见，这成就了村中家家烧香、户户念经的文化奇观，每户人家也因而都存有一些东巴经书和法器。东巴主持仪式，村民烧香念经，二者相得益彰，一个油米家庭一年中要经历百余个大大小小的仪式，油米村是名副其实的仪式中的村庄。

油米村的东巴文化还深受藏传佛教的影响，东巴的神明体系吸收了藏传佛教的元素，比如记述噶玛巴活佛在此地的故事，以及神龙山、宝剑峰、牌坊石、神马石等传说。

在油米村和附近的甲区村流传着这样一个故事。很久以前，噶玛巴活佛穿得破破烂烂，装作乞丐来到油米乞讨。村里人在田里干活，只有一个白发苍苍的老妪在自家坐着。噶玛巴佯装饥渴难耐，走上前对老人家说："我今天出门在外要饭，口干舌燥，想讨一碗水喝。"老人的儿子上山砍柴，儿媳妇在江边干活，家里没有水。她年老体迈，没办法去江边背水，于是把留给儿子养病的牛奶给了噶玛巴。噶玛巴被善良的老人打动，感念此地民风淳朴，便问老人有什么困难。老人说这里的地很陡，种不出粮食，一年中有一半时间没有粮食吃，吃水也很困难。噶玛巴谢过老人，叮嘱她若是听到声响千万不要出来看，说完便继续赶路去了。老人听到外面风雨大作，心想怎会有如此大的动静，便走到门口看个究竟。原来，噶玛巴施展法力，削山为田，陡峭的山地变成层层叠叠的梯田,随即他便消失在夜幕之中。这就是噶玛巴活佛赐予油米良田的故事,这则故事在拉伯、三江口一带也广为流传,为人所乐道。

虎头山

油米村北面的虎头山是油米人最重要的神山,因有老虎镇守于此而得名,本地人管虎头山叫"拉窝若"。"背靠虎头山,面向清河水,像青松一样长命百岁,像清水一样快乐无忧!"这是油米村老人常唱的一首歌。《盐源县志·舆地山川》载:"西山,姓剌,虎也,亦水也。"盐源县西包括今天的云南宁蒗、四川木里二县,这里是摩梭人的主要聚居区域,历史上有崇虎之风,认为老虎是百兽之首,奉老虎为祖先。因此这里很多地方以老虎命名,虎头山亦如是。在油米老人的讲述中,这里曾有老虎出没,却少有人亲眼见过,说明老虎很早便在此地绝迹。民间没有狩猎老虎的故事,因为当地文化中禁止猎杀被奉为图腾的生灵。

虎头山在油米人的日常生活、精神信仰中十分重要。正月十三转山,东方乍白,各家各户即早早动身,最先到达烧香塔的人家新的一年便可好运连连,求得福运。在油米人心中,虎头山神圣、庄严、肃穆,在虎头山不能动刀砍树,不能做不卫生的事,村民平日里去虎头山背水,也须洗漱干净。转山前,东巴要在虎头山脚下举行除秽仪式,用乌木枝除掉身上不干净的东西。村民用清香木拍打身体,驱走妨碍祈求福泽好运的"捣鬼"。

虎头山上的一草一木同样有神性，大树古树无人敢砍，除非天雷滚滚，将其击倒。据说虎头山的大树被雷击中，是不祥之兆，预示着油米村有能力的老人将要去世。老人常说，油米人在外遭遇意外却没酿成大祸，是虎头山保佑的结果，神圣威严的虎头山是他们心灵安顿的寄所。

牌坊石

向油米村西面俄碧村所在的山上望去，有一块土黄色的岩石形单影只地立在那里，形似牌坊，当地人管它叫牌坊石。油米人说，牌坊石的神奇之处在于，无论从哪个角度看，它的形状都是一样的，不知从何时起就一直是这个样子。连在金沙江一带走南闯北的杨文国也说，这样一块平平整整的岩石难得一见。牌坊石周围地势陡峭，山路笔直光滑，难以靠近，倒是可以从山梁背面爬上去。据说，牌坊石周围有一大片岩桑，人民公社时期，村民去那里采集岩桑树根，剥皮后卖给供销社，能挣得零星收入。

牌坊石所在的山叫作妖女峰，与它一河之隔的山叫作神龙山，名字得自一个邪不胜正的传说故事。神龙山位于虎头山西南侧，一直延伸到无量河边，穿过油米村的一段山脊笔直挺拔，形似一把宝剑，被称作宝剑峰。相传很久以前，油米村对面的山上住着一个妖女，她嫉妒村里恩爱的年轻夫妻，专门陷害年轻人。所以，油米人不长寿，只能活到二三十岁。日落时，人们能看见妖女坐在山顶，将头发垂入无量河。村里的老人到藏区找噶玛巴活佛算命，噶玛巴说对面的山上有妖女戕害年

图 1-2 宝剑峰／丁振东摄

轻人。老人求菩萨保佑，菩萨便派噶玛巴前去降妖。噶玛巴快到油米村时，妖女正在村里害人，于是噶玛巴快马加鞭紧追妖女，妖女见势不妙，赶紧逃回无量河对面。噶玛巴挥舞着宝剑，径直朝妖女劈去，妖女面露狰狞，化身为对面山上的岩石。为了让妖女永不出来祸害人间，噶玛巴将僧袍变成一条神龙，张开血盆大口面向妖女峰，盘踞在此守护油米村。

于是人们将这座由神龙幻化而成的山称作神龙山，龙口的位置叫作龙洞口。噶玛巴离开前，又将自己的坐骑战马化为神马石，留在无量河边。噶玛巴为油米村所做的善举功德无量，被油米人铭记，所以，当地民间有"鲁旺多"（神山）和"鲁吉坡"（牌坊石）的传说。油米人为了感谢噶玛巴活佛，在祭祀仪式中不仅祭拜神山（鲁旺多），也一起祭拜镇着妖女的牌坊石（鲁吉坡），感恩噶玛巴伏妖除害，泽被乡里。

图 1-3 妖女峰上的牌坊石 / 丁振东 摄

龙洞口是一个巨大的岩洞，可容纳 1 000 多人。在兵荒马乱、盗匪出没的年代，一有风吹草动，油米人便携家带口到此躲避。去往龙洞口的山路险绝，一不留神就有可能失足跌下悬崖。过去村民在那里放羊，如今，油米人已很少去那里，岩洞里只剩厚厚一层的羊粪。从油米村徒步下山，约一小时到无量河，河边可见一块巨石就是神马石，神马石光亮、平整，可以在上面玩耍、休憩。腊月初十祭河神、三月十三沐浴节，油米人来到江边，在神马石上烧香祭祀，这是村民祭拜神灵、互赠祝福的重要场所。

图1-4 无量河边的神马石 / 丁振东摄

象山

象山在油米村的东面，山形优美。日落时分，油米人向东望去，映入眼帘的山岗仿佛一头憨态可掬的大象。象山所处的方位是旭日升

图 1-5 从油米村看象山 / 丁振东摄

起的方向,所以油米人家将门朝向东方,望着优雅而安稳的象山,清晨起来迎接朝阳。

其实油米习俗中有"依库依其米"的说法,意思是家门必须面朝南方,不能朝向其他方位。因为在当地的方位观中,河水自北向南流去,家门不能望着北方的水龙,而须顺着水流的方向。不过,油米村南面的大山怪石嶙峋,山形实在丑陋,这让油米人家的门相颇不好看,传说也因此使油米人的身材相貌不佳。为了后代长相漂亮、没有残疾,油米村的东巴调整了"依库依其米"的规矩,将家门改为朝向东方,面对象山。

大象在东巴经书里是吉祥的神，据说改变了家门方向后，油米村成了盛产美人的地方。值得一提的是，杨家这一支的人有个绰号叫"长脚杆"，说的是杨家人身形修长、高大威猛，蹲坐时膝盖够得着耳朵。如今，油米村大部分家门都朝向东方象山，只有少数老宅依以前的规矩修建，朝向南方。

无量河

油米村坐落在无量河畔，无量河又名束吉河、冲天河，发源于四川省甘孜州稻城县，自北向南流经四川理塘县、木里县，在三江口汇入金沙江，是宁蒗和木里的自然分界。取名无量河，盖因冬季河流水量小，夏季河水涨势迅猛，水量涨落不定，是为无量。油米人每年农历四月收割小麦后举行尝新麦仪式，为的是在河水上涨前将新麦供奉给祖先。同样，在每年农历十月收割水稻后也要举行尝新米仪式，意在河水回落前祀奉祖先。

当地人称无量河为束吉河，有"铁水"之意，意思是这里蕴藏着丰富的铁矿。不过，无量河自古以来更以金矿著称，明代丽江木氏土司在此开采金矿，明末清初时由木里土司接续。丽江的木氏土司、木里土司早已作古，淘金传统却代代传承下来，金矿吸引了一批又一批汉人来到木里一带淘金。从前，无量河里有很多野生动物，人们经常能捉到大鱼，但过于频繁的开采活动影响了动物栖居，野生动物如水獭等一度十分罕见。近年来，由于对环境保护的重视，当地人又能在

图 1-6 远眺无量河 / 丁振东 摄

河里看到水獭出没了，生态恢复为无量河中的精灵提供了一线生机。

　　无量河也流传着美丽的传说，据说从前油米村的老人会唱一首歌，唱的是"买阳寿"的故事。传说无量河的源头住着一个漂亮贤惠的女人，她的名字叫什罗什次米，她很富有，金银珠宝一箩筐一箩筐的，可她最大的心愿却是长生不老、永葆青春。一天清晨，鸡鸣过后，什罗什次米唤丫鬟去打水，丫鬟没起床，她便自己烧火，去井边打水。在井水的倒影里，她看到自己的头发白了，脸色也差了，便十分害怕老去。什罗什次米觉得自己什么都不缺，唯独没有阳寿，于是便从无量河源头出发，想去买阳寿。到了丽江和大理，她发现什么好东西都能买得到，唯独阳寿买不到。她又愁眉苦脸地一路走到了昆明，她看到猎鹰的头羽是白的，竹子的根也会结痂变老，心想连它们也会老去，自己又能到哪里得到阳寿呢，老就老了吧！于是什罗什次米一路笑着又回到了无量河源头。

流淌不息的无量河是油米人的衣食来源，很多人家曾以淘金为生。油米人懂得感恩自然，为回报河神，他们会在腊月初十这一天带着猪鼻头、牛奶等礼物，来到江边烧香敬河神，祈盼来年财运亨通。在无量河的金矿被封后，一些汉人淘金者留了下来，油米村对面的俄碧村便有淘金者的后代安家定居，繁衍生息。今天的无量河一半归云南，一半归四川，但分布在河两岸的摩梭村庄过着同样的摩梭新年，有着同样的文化习俗、精神信仰。两岸无论汉族人还是摩梭人，人们世代友好，革囊横渡，跨界狩猎，联姻结亲。油米村与俄碧村的老人喜欢分坐两岸，在河边摆龙门阵[8]，互致问候，带着浓重口音的西南官话余音飘散在高山峡谷中：

"晚饭吃了没有？"
"吃了！"
"这一年日子可好过？"
"好过！"

文 / 李管奇

---

8 摆龙门阵，一种民间文化活动形式，指复杂曲折、趣味无穷的摆谈，也多指聊天、说闲话。——编者注

第二章
人居聚落

  油米人的生活与信仰皆仰赖自然。从游牧到定居，油米人对自然的崇拜借由东巴经文及传说故事凝结成为集体记忆。在独属于油米人的精神世界中，加泽大山、无量河守护着油米村。随着人口繁衍生息，为寻求更多的土地与洁净的水源，油米人从最初三个姓氏家族的三间祖屋慢慢向外拓展，一代代分家，开枝散叶。有的往上搬迁，便有了今日的上油米村，以过去老屋为中心的则为下油米村。也有几户人家往更下方搬迁。

  油米人居住的土掌房，就像一个微缩的宇宙，顶天柱、火塘、神柜犹如神迹，缺一不可。它们是家屋的"心脏"和信仰，时时刻刻贯通于生活中，赋予家户运行的力量和秩序。从出生到成丁，再到成家、分家直至终老，油米人的日日夜夜都围绕着火塘。清晨，太阳冉冉升起，屋顶上的烧香塔燃起第一炷香，阳光斜射入屋，映照在火塘边的锅庄上，油米人的一天开始了。午后三四点钟，阳光缓缓穿透房顶，洒在杨宝荣家的大灶上，母亲石巴米会在这时专心地给牲口准备食物，父亲杨多吉扎实东巴则在房顶的藏经阁静心抄写经书。夜幕降

图 2-1 油米村的夜空星河 / 秋笔摄

临后，群山之中的油米便与夜空中的点点星光一道若隐若现。

油米人的家屋内，方位安排、家务分工、仪式参与尽显东巴在人们精神世界中的核心位置，东巴人依此联结着现实与幽冥两个世界。从家屋的布置中，我们能一窥油米人的生活方式和生活智慧：随季节采集植物、建造房屋、供给饮食、操办仪式，皆与自然相依、与土地共存。

老祖屋

油米人依山势居于陡坡之上，这里气候干热，村落周围布满层层辟出的梯田。300多年前，石家、杨家、阿家陆续迁来，建起家园，渐渐形成聚落。随着人口增加，后代子孙逐渐往外拓展，从老祖屋所在的下油米村向上、向下开枝散叶，从最初的3户增至15户，再到今日的83户。如今的上油米村多为杨家与阿家，少数几户为石家。

水源是人们寻求定居地址的重要依据。油米人吃的水来自加泽大山，油米人也会去加泽大山烧香祭神。传说大山上以前有个景色很好的海子（高山湖泊），后来由于地壳变动干涸了。海子干涸前，"呜噜呜噜的海螺声响了三天三夜。忽然间，一群漂亮的鸽子在海子上方飞过，水神从这里搬走了。水神搬走后，海子便彻底干了"。原先有海子的时候，油米村的水源很丰富，不需要到外边取水，光是这个海子的水就够用了。后来，村里有些人家为了吃水，不得不从下油米村向上搬到离水源更近的地方。

老祖屋是三大家族历经艰辛所建，经过多年的风吹日晒，土墙逐渐风化，木料层层剥落，但这里仍是油米人生活交往的中心。石家的老宅曾于20世纪80年代翻修过，至今依然有石姓后辈子孙居住；杨家有两处老宅，一处现已无人居住，一处则依旧灯火明亮；阿家的老祖屋屋基旁，子孙们正翻修新房，继续守着根脉。杀猪节是油米村重要的祭祖节日，家家户户无论多远都要把猪扛到老祖屋来，甚至还有人从附近的落科村把整头猪捆起扛到老祖屋。过年走亲戚，第一顿饭也要在老祖屋吃，代表家族团聚和对祖先的感怀。家族中有重要的活动都要在老祖屋开始，教育子孙后代不忘本。一幢幢土掌房建立在油米紧密的家族人际网络之上，也像一张网世代联结着油米人。

图 2-2 杨家老宅 / 秋笔摄

图 2-3 石阿塔家老宅 / 丁振东摄

今天，随着公路修通，出于交通便利的考虑，沿着出村的路两边也渐渐盖起了新房。油米村的聚落形式从围绕聚居变为线性发展，村落的生长呈现出新的面貌。

土掌房

油米的传统建筑为平顶的土掌房，以土块、木头、石头为主要建材，就地取材，依山势而建。石头为墙，顶部覆土，木头顶起屋舍结构，厚实的材料设计营造出冬暖夏凉的舒适感。房屋的形态和样貌与地理环境密不可分，是人与自然不断互动取舍的过程。自然提供了资源，也限制了选择，而人们对资源的取用之道，反过来也塑造了建筑方式。一代代油米人依靠并敬畏着神圣的加泽大山：大山孕育了原始森林丰富的植被和洁净的水源，而水龙和自然神就居住在山顶。遇到旱情，村民会前往加泽大山的观音海祈雨，油米的生境尽是大自然的馈赠。

村民建房的木材取于大山，守着一套严格的规矩，砍伐大山里的树木不能逾矩。东巴会在入山伐木前带上牛奶与洁净的炒面，请求自然神允许人们向大山索取木材。东巴经书中有人与自然和谐相处的记载，人尊重和保护自然，自然神也将庇佑人。

建新房前，要请东巴看过屋基的风水才能开挖，同时也需要准备木材。如果是老屋翻新，原有的旧木材整理后要继续使用，再依需要准备新的木材。砍伐木材很有讲究，需要算好日子，如果家中长者

图 2-4 油米村三面环山，有着丰富的森林资源 / 秋笔摄

今年刚好运行到"木位"，则不可以砍伐。挑选的木材如果枝丫茂密、松果结得特别多，就代表这家日后子孙繁盛富足。另外，最好的木材是红松木，干径大小也需要匹配房子的大小。过去建房准备木料是件非常辛苦劳累的事，砍伐要耗时近十天，在需要人力拉运木材的时代，更是要花费将近一个月的时间将木料从大山运回家。不过，若是砍伐木材正好遇上采菌子的时候，那就为辛劳增添了几分美味。修屋建房若有剩余的大料也绝不浪费，需要砍成小料来填充屋顶。由于得之不易，油米人对木材的使用是极为珍惜和节省的。

一家修屋，全村帮忙。"换工"是油米人重要的互助机制，一家

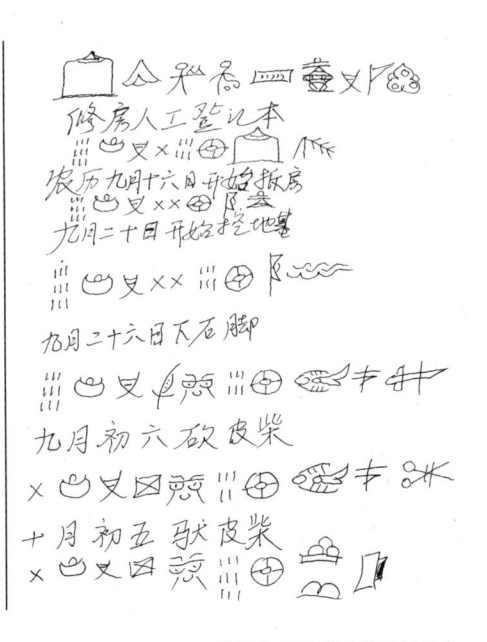

修房时，油米人都会来帮忙，改天换别家修房子了，便不用担心缺工。这一切都建立在互助的基础上，通过换工交织成紧密牢固的人情网络。"以前谁家修房子，我们都是要去帮忙的，你帮我，我帮你，大家都是这样的。"2019年，阿公塔东巴算好日子，拆去老房子盖新房。翻开他的本子，字里行间清楚地记着：2019年农历八月十八开始进山砍木料，九月十六拆房，九月二十挖地基，九月二十六下石脚，十月初五驮皮柴。来了多少个工，要请哪些工匠，记录得清清楚楚。除帮工外，阿公塔也用东巴文记下了盖房时亲戚邻里间的心意，大家送来四季豆、萝卜、白菜、玉米、腊肉、猪腿、酒等，为阿公塔的新房献上诚挚祝福。他说："以前大姐家修房时，我给过他们猪肉，现在还回来了。"

图 2-5 阿公塔的帮工记录表

随着生活所需与住房形态的变化，人情网络中的劳动力交换也慢慢出现转变。对于工匠师傅，金钱酬劳渐渐替代了原先物物回馈的形式。"别人帮了自己的，代代不能忘记掉。男儿价村人来定，猎狗好坏山来评。"在本子的最后一页，阿公塔用东巴文与汉字写下了这句话，要儿子日后也不能忘记今日温暖坚固的家是村民以物载情、互爱互助的结果。

盖房的主家除了负责来换工之人的三餐，动工破土那天，还会杀一只羊请东巴来看羊膀[9]，看看是否一切顺利。选屋基、动工、立顶天柱、新房建成时都需要请东巴做仪式，最大的仪式莫过于"敬新房"，过去敬新房选在农历二月二十三、二十五比较好，现在则是直接请东巴算日子。亲戚们在这一天会送来各种礼物，如猪膘肉、茶、水果等，近年来也出现了直接送现金的祝贺形式，这天主人会杀猪宰羊来宴客，感谢大家帮忙和神明庇佑。

油米过去的建筑大多为土房，在东巴经中也只记载过土房。土房大多数为"掉层"的形式[10]，这是一种适用于山地的建筑结构，建筑内部像阶梯一样，依地形变化逐层"跌落"，嵌于山坡上。土掌房底层以石墙撑起，用来圈养牲畜及堆放杂物，上层是生活区域，以木料为墙体，设有火塘、米仓等起居空间。屋顶则是用厚土浆夯实的平顶，配合火塘的方位设有烧香塔。平稳的屋顶既能避免泥土被雨水冲刷，

9　东巴教的传统民俗，以羊膀骨为卦具，东巴通过观察烧过的羊膀骨来算卦。
10　参考"宁蒗县拉伯乡油米村传统村落保护发展规划（2016）"。

图 2-6 油米家屋的入口处多为牲圈 / 丁振东摄

也便于在此举办仪式与晾晒粮食。

  土掌房是油米人重要的信仰与生活空间。放眼望去，村中每家每户的屋顶都有一个烧香塔，油米人每日晨起的第一件事就是烧天香，这是一日精神之始。过去土屋的入口在底层，人们从圈养牲畜的底层进入，再爬独木梯进到主屋。20世纪50—80年代，牲畜与人进入屋内的入口逐渐分开，根据国家政策对传统村落的规划，近来新修建的屋舍将畜圈与人居分开，畜圈依旧位于屋舍底层，房屋装上了窗户增加采光，卧室从主屋分离到外侧且数量增加，还有了庭院。建材的使用也逐渐从土砖变为石头，墙面的用料改为以土石为主，采光面逐渐扩大，不过火塘与平顶这种重要的精神空间没有改变。

图 2-7 油米村家家户户屋顶上都有烧香塔 / 秋笔摄

图 2-8 每日晨起的第一件事就是烧天香 / 丁振东摄

主屋格局

油米村的家门朝向太阳升起的东方,东面是象山,象在东巴经里象征吉祥。过去粮仓大都朝北,意为滚滚江水似财源滚滚。因此在主屋内,火塘和神柜位于东北方,屋顶上的烧香塔则随家中火塘的位置而设。进入土掌房内,第一眼望去是顶天柱,下方连接火塘,再往里看便是神柜,这三者是一个家屋的根本。

从空间上看,主屋内整体空间有三层:第一层为地底,人们不能直接在地上做饭(要在火塘中的铁三脚上做饭),因为那代表不干净与不敬。第二层为用于祭祖的锅庄石,猪肉只能放在此处。第三层为神柜,是代表神明的一层,用于祭祀胜利神。客人来访送的礼物,需要先交给主人,由主人放于神柜前。油米人认为,客人是外人,他们自己把礼物放到神柜前,供奉的神和祖先是不认的。神柜顶层祭祀吃素的神,放祭祀用的烧香面(面粉),此处不能放荤食或是装酥油、奶、水果、奶渣。

顶天柱,又叫中柱或撑天柱(摩梭语 mer der sou rel),有"一家之柱"的意思,贯通三层空间。一栋传统的土掌房需要九柱三梁头来支撑,其中以竖立在房屋中心的顶天柱最为重要。在选择木料时,砍伐作为顶天柱的木头,必须倒向东方,才是吉祥好运的。"我一开始就看上了这根木头当我新房子的中柱,很神奇,砍的时候原本以为它会倒向别的方向,但突然就正正地倒向东方了,命运注定要这根了。"阿公塔表示顶天柱对一栋房子来说是非常重要的,犹如一根脊梁骨。在顶天柱上方,有一片木雕的祥云,祥云上方代表天,柱子穿越云霄

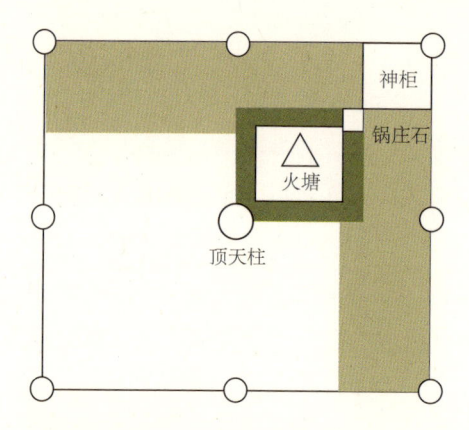

图 2-9 油米主屋核心结构示意图

往天上去，人们生活在这里，有顶天柱在，天垮不下来。

逢年过节时，油米人会在顶天柱上插上新鲜的松枝、清香木、柏树枝，再用麻布、彩带绸缎围绕装饰，意指保护顶天柱免于危险，也代表众神的守护。顶天柱上通常挂有一个竹篾，摩梭话叫作"ke mei ka"，传说五个方位的神居住于此，守护顶天柱。这户人家如果做了消灾仪式，会在柱子上挂两个松枝钩子，一个代表金钩，一个代表银钩。油米人认为，人的灵魂被鬼引到土地去后，只有金钩、银钩可以把魂魄勾回来。在东巴《神路图》中，描绘了神界、人间、地狱三界。做仪式时将松枝钩子的下半部分削去，表示离开地狱，防止人的灵魂再靠近地狱，上半部分则插在顶天柱上。从松枝钩子再往上有一根木架上头放着一只面偶，捏的是夜莺。在牛魔王招魂的经书（摩梭语 xin ji er si）上提到，以前有一户富裕人家养了三个孩子，第一个孩子出生时请了东巴做起名仪式，杀了一头牦牛招待全村人，这个小孩长大后成了很厉害的人。接着，第二个孩子也出生了，一样做了仪式，后来当官了。在第三个孩子出生时，家里杀了一只羊，但家里人自己吃了，这犯了大忌，一是没敬神，二是没敬鬼，三是没招待村里人。后来这个小孩生病丢了魂，家里人去村头找，但大家不知道有这个小孩，村尾也找不着，东西南北都找不着。最后家人去算卦，被告知唯有夜莺能把这个孩子的魂找回来，这家人就求夜莺去牛马鬼界找

图 2-10 顶天柱贯通了家屋的三层空间 / 秋笔摄

图 2-11 阳光穿透房顶照入神圣的火塘 / 秋笔摄

回孩子的魂。在油米人看来,夜莺是能沟通神鬼界的神鸟,只有它能找回人的灵魂。东巴经文中还写道,夜莺将人的灵魂引到家后,要停留在不高不低的地方,避免灵魂在地上被蛇等野兽吃掉,也要避免在高处被老鹰吃掉,所以只能待在顶天柱中间的位置。

顶天柱在火塘边上,上头还挂着水瓢、筷子等器具,方便妇女做饭时取用,这是生活与信仰交织的空间。火塘由上方的神柜、锅庄石和铁三脚组成,对油米人而言,火塘是家屋中最神圣的地方,油米人的一生都围绕着火塘,这是一家的心脏所在。铁三脚则是火塘的核心,从前，铁器是非常珍贵的，在难以获得铁器的年代，油米先人用石头直接堆成三脚状。铁三脚最忌讳任意搬动，过年时，油米人要放三片猪肉在铁三脚上，意味着整年都有肉可吃。靠近神柜的锅庄石是敬祖先的地方，由石头砌成，有的还会贴上瓷砖。油米人在三餐饭前，第一口必定要先敬锅庄，以感恩祖先。过年请客的主家，会准备大米揉成的米团（摩梭语 ha lou）放在锅庄石上，待初五时扒开米团，用火烧后分着吃，有团结的寓意。

从前的老屋里，火塘上的天窗是唯一的窗户，窗户下方悬挂一个木架，油米人认为这可以阻挡鬼怪进来。这里也是存放和熏烤食物的地方，碰上断粮时还能将五谷杂粮放在这里熏干，磨成粉吃。木架上还挂着猪尿脬，当空气干燥了就会鼓起，提醒人们天干物燥，要小心避免火灾。油米人每年杀年猪时都会换上新的猪尿脬。

神柜（摩梭语 si tou）同火塘一样朝向东北方，东巴将经书与法器放置于神柜中，这是祭祀之所。神柜下方通常放置长者日常食用的茶与盐等，客人来访送的礼物也会先放于神柜前。神柜用木头制成，外侧绘有日月、宝瓶与莲花等，象征守护。火塘的座位很有讲究，一边为男性，另一边为女性。座位越靠近神柜者越尊贵，女性能上座者多为上了年纪的妇女。

幽暗的土掌房里，日光穿透天窗越过木架，一道光束直射在锅庄石上，火塘里有时泛起的薄尘游荡在光束中。杨多吉扎实东巴坐在火塘边上念起经书，儿子杨泽礼在一旁吹响海螺，儿媳妇石嘎玛手持木柄在铁锅中搅拌着牛头饭……从晨起烧天香到午饭时刻,光影随时间流转而变化。太阳落山后,一家子围坐在屋内,吃着简单的饭菜,几张面孔叠映在亮晃晃的火光中,柴火噼啪作响,山野变得格外宁静。在火塘边上,家家户户日复一日、年复一年地上演着油米的故事。火塘于油米人是日常,是根本,是家的所在,也是饮食、生活和文化祭仪的核心。

文 / 庄清棻

第三章
亲族网络

传说第一个来到油米的是石家祖先石佑左,他以游牧为生,从水洛河上游的四川迁徙过来,最后选择在油米安身。第二个来到油米的是杨家祖先杨古玛,永宁土司派他从次瓦来帮石家守卫边界,后来次瓦村的杨家弟兄杨博布次尔又来石家做上门女婿。第三个来到油米的是阿家祖先阿洋玛若,他从托甸来油米村周边放牧,认识了石家女儿,与石家女儿结婚生子,也定居油米村。

从游牧到农耕,油米人的祖先适应生态环境,调整生产生活方式,在无量河畔,三大家族开荒造田、上山打猎、下河捕鱼,过着山地农耕的生活,繁衍生息。《超度经》记录了油米人祖先的迁徙路线,三大家族还用《祭祖经》一一记录祖先的名字,为后人祭祀祖先所用。至2019年年底,全村83户,除了两户冯姓汉族人家,其余都是石姓、杨姓和阿姓。据杨玛佐东巴介绍,两户冯姓从树枝村搬到油米村,来这儿繁衍了三四代人。根据与石姓家族核对和统计家族谱系图,石姓家族在这里繁衍了20代人,现有28户石姓人家。先到油米的杨古玛后代在这里繁衍了20代人,后来的杨博布次尔后代繁衍了8代人,

石姓家族谱系图

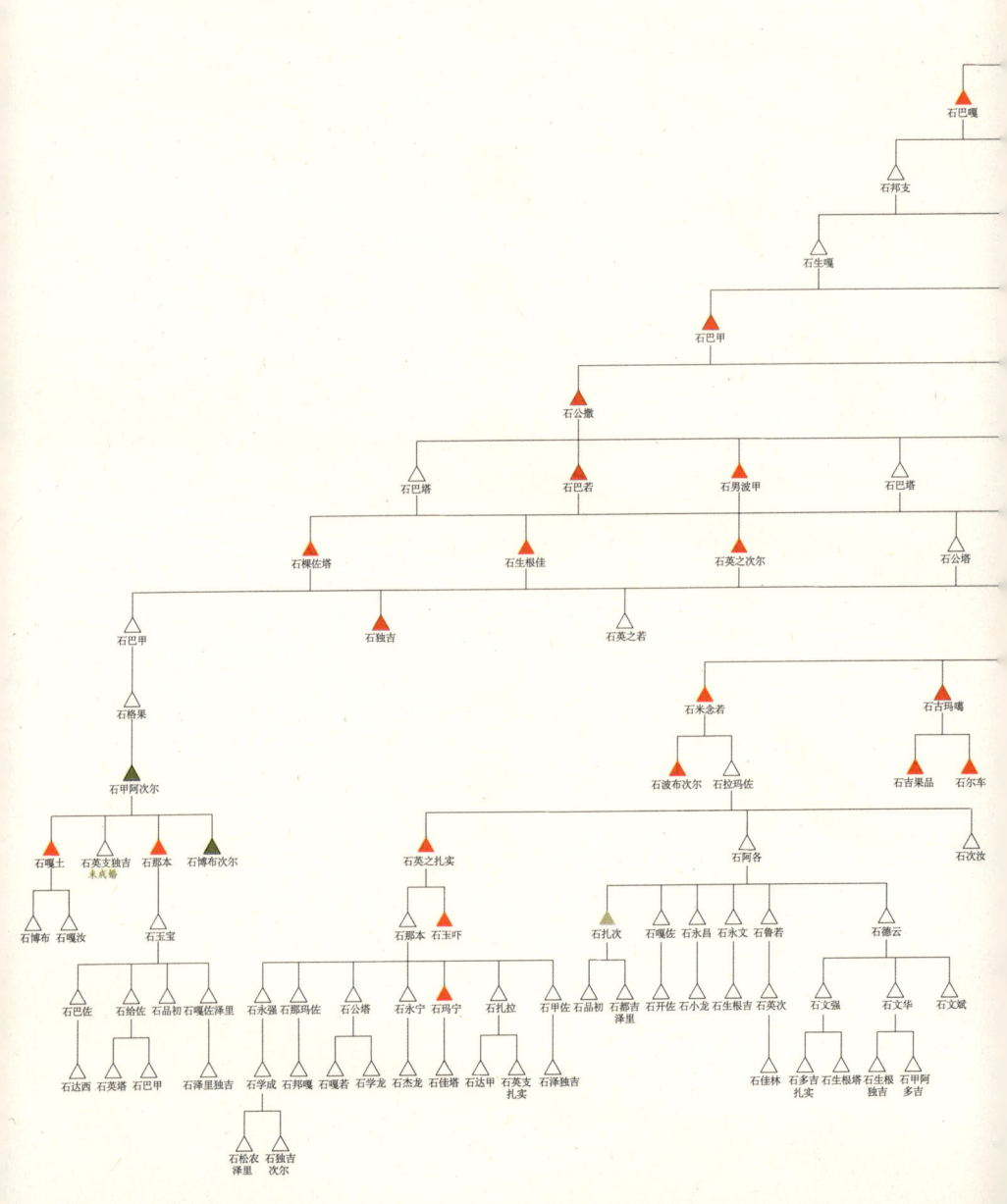

图例：○女性　△男性　▲东巴　▲侠武　△入赘　△早逝
＝婚姻　＝父母指婚　≠离婚

图 3-1　石姓家族谱系图

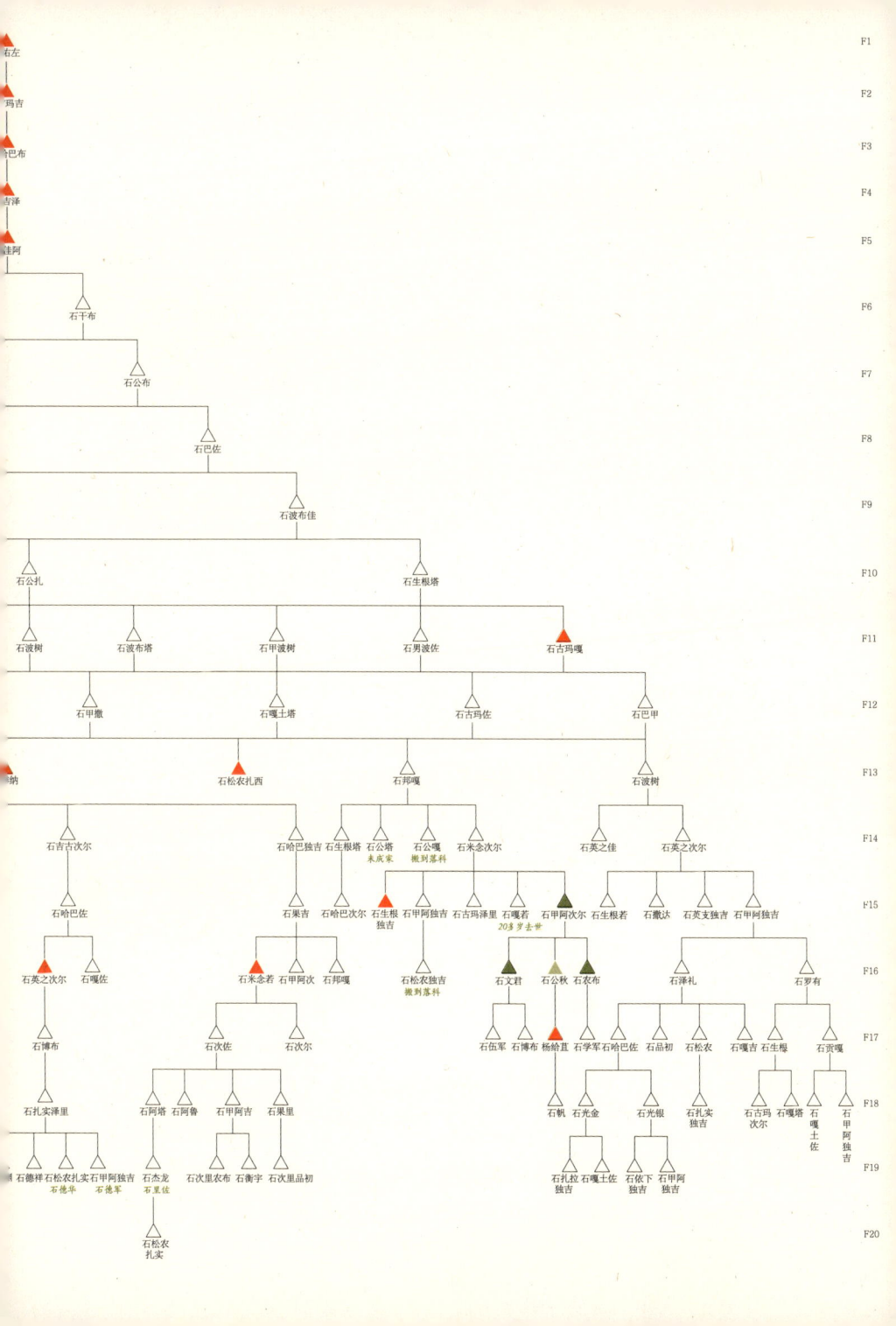

F1	右左
F2	玛吉
F3	令巴布
F4	吉泽
F5	娃阿
F6	石千布
F7	石公布
F8	石巴佐
F9	石波布佳
F10	石公扎　石生根塔
F11	石波树　石波布塔　石甲波树　石男波佐　石古玛嘎
F12	石甲撒　石古玛佐　石巴甲
F13	纳　石松农扎西　石邦嘎　石波树
F14	石吉古次尔　石哈巴独吉　石生根塔　石公塔（未成家）　石公嘎（撒到落科）　石米念次尔　石英之佳　石英之次尔
F15	石哈佐　石果吉　石哈巴次尔　石生根独吉　石甲阿独吉　石古玛泽里　石嘎若（20多岁去世）　石阿阿次尔　石生根若　石撒达　石英支独吉　石甲阿独吉
F16	石英之次尔　石嘎佐　石米念若　石甲阿次　石邦嘎　石松农独吉（撒到落科）　石文君　石公秋　石农布　石泽扎　石罗有
F17	石博布　石次佐　石次尔　石阿塔　石阿鲁　石甲阿吉　石果里　石伍军　石博布　杨给苴　石学军　石哈巴佐　石品初　石松农　石嘎吉　石生根　石贡嘎
F18	石扎实泽里　石阿塔　石阿鲁　石甲阿吉　石果里　石帆　石光金　石光银　石扎实独吉　石玛次尔　石嘎塔　石嘎土佐　石甲阿独吉
F19	石德祥　石松农扎实　石甲阿独吉　石杰龙　石次里衣布　石衡宇　石次里品初　石巴拉独吉　石嘎土佐　石依下独吉　石嘎阿独吉　石德华　石德军　石星佐
F20	石松农扎实

共有33户杨姓人家。阿姓在这里繁衍了9代人,有20户。

三大家族通过血亲、姻亲和宗亲的血缘与地缘关系产生联系,核心家庭扩展为长时间一起生产生活的院落,再通过分家、姻亲等形式开枝散叶,形成现在的村庄格局。随着人口的增多,以血亲为基础的核心家庭通过联姻的纽带渐渐形成了绵密交织的宗亲谱系,姑舅表优先婚的婚配制度,是油米村复杂而紧密的亲族网络的关键。

石姓家族谱系

石佑左来到油米村定居后,其游牧的生活方式渐渐变为如今以农耕为主的生活方式。摩梭语中的"石"在汉语中指"谷子",说明他们有了农耕生活后才有了石姓。石姓家族第14代的石生根塔是富农,在20世纪70年代搬到树枝村,如今树枝村与油米村通婚的全为石姓。后来他的兄弟石公嘎在落科村安定了下来,现在仍与油米人联姻,有人情往来。

侠武石农布告诉我们,以前家族的《祭祖经》由家族长老保管,当家族里有人去世,在超度完的第二天举行仪式将其名字写入《祭祖经》,这样《祭祖经》里记录的祖先在逢年过节时就不会被后人忘记。石姓家族的《祭祖经》从第13代开始清楚记录着每位祖先的后代,家族从第14代开始分支,每个分支详细记录本支系的祖先。从石姓家族谱系图可以看出主要有6个家族分支:石格果支系、石米念若支系、石吉古次尔支系、石哈巴独吉支系、石米念次尔支系、石英之次尔支系。

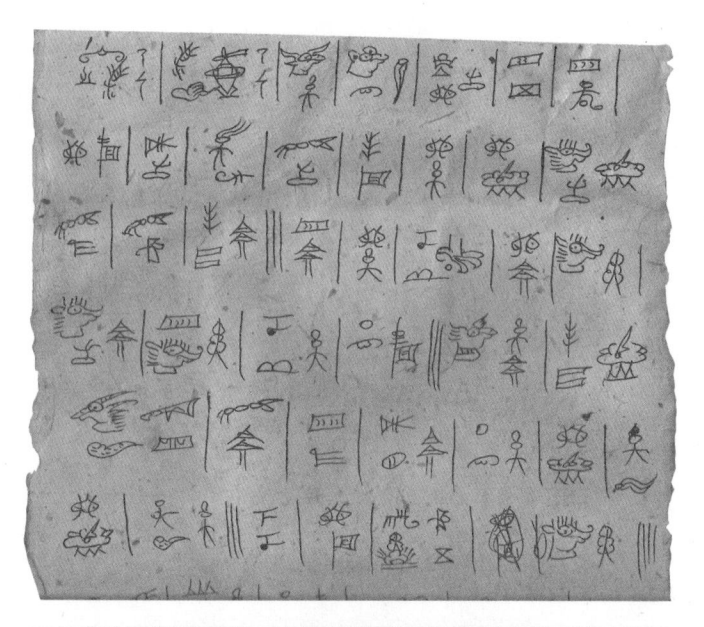

图 3-2 石玛宁抄写的石姓家族《祭祖经》中的祖先名字

守望东巴

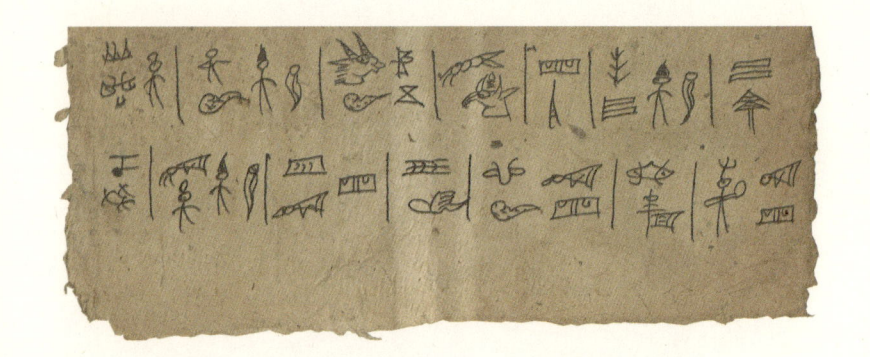

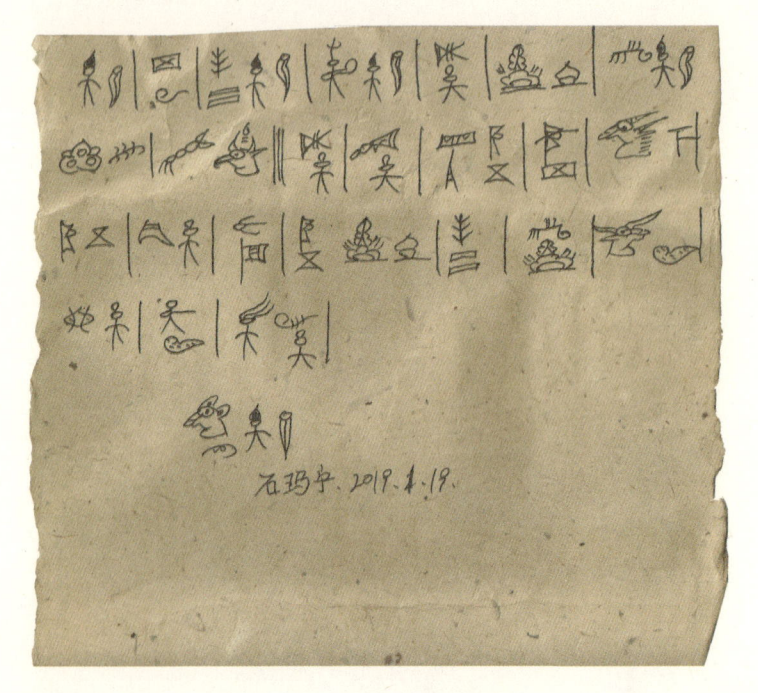

图3-3 石玛宁抄写的石姓家族《祭祖经》中的祖先名字

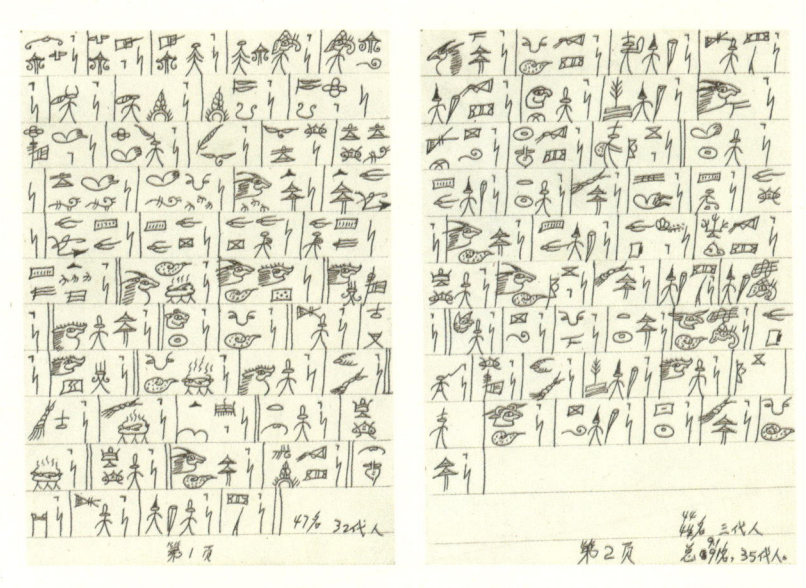

图 3-4 杨多吉扎实抄写的杨姓家族《祭祖经》中的祖先名字

杨姓家族谱系

　　油米村地处川滇两省交界，不时与周边族群发生冲突，油米村对面的木里土司就以凶恶出名。当时油米村杨姓祖先杨古玛在次瓦村驻守边界，管理加泽区域，以正派、公道著称。石姓家族曾住在油米村的上游，为了免于争端逐步移向油米。永宁土司从次瓦村派了杨古玛来油米和石姓家族共同守卫边界，并赐予了杨姓"总伙头"[11]的身份。油米第一代总伙头为杨英之塔，第二代总伙头为杨波布独吉，第三代（也是最后一代）总伙头为杨古玛左。据杨多吉扎实讲述，

11　总伙头是土司时代的村寨头人，有管辖本村的权力。——编者注

先到油米村的杨姓家族谱系图

○女性　△男性　▲东巴　▲侠武　▲入赘　△早逝

═　═　≠
婚姻　父母指婚　离婚

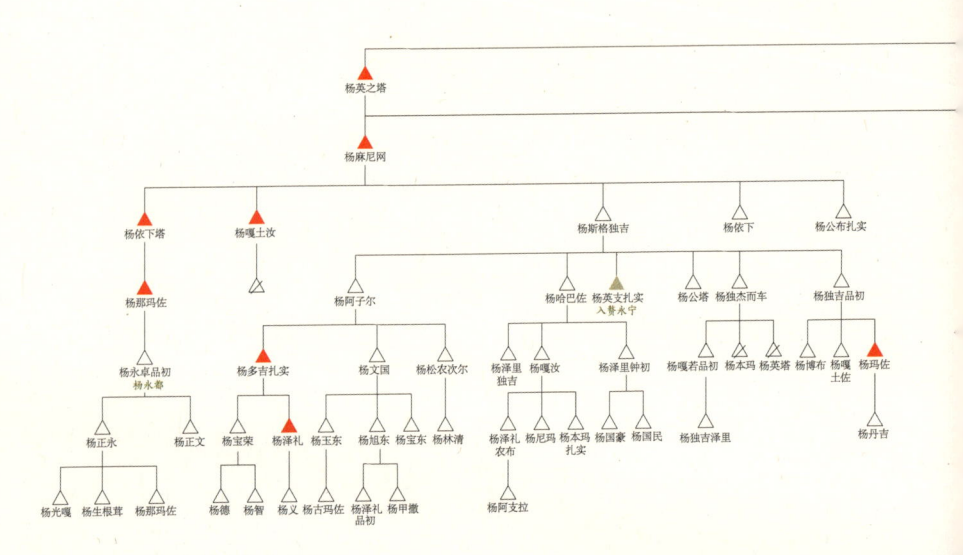

图 3-5　先到油米村的杨姓家族谱系图

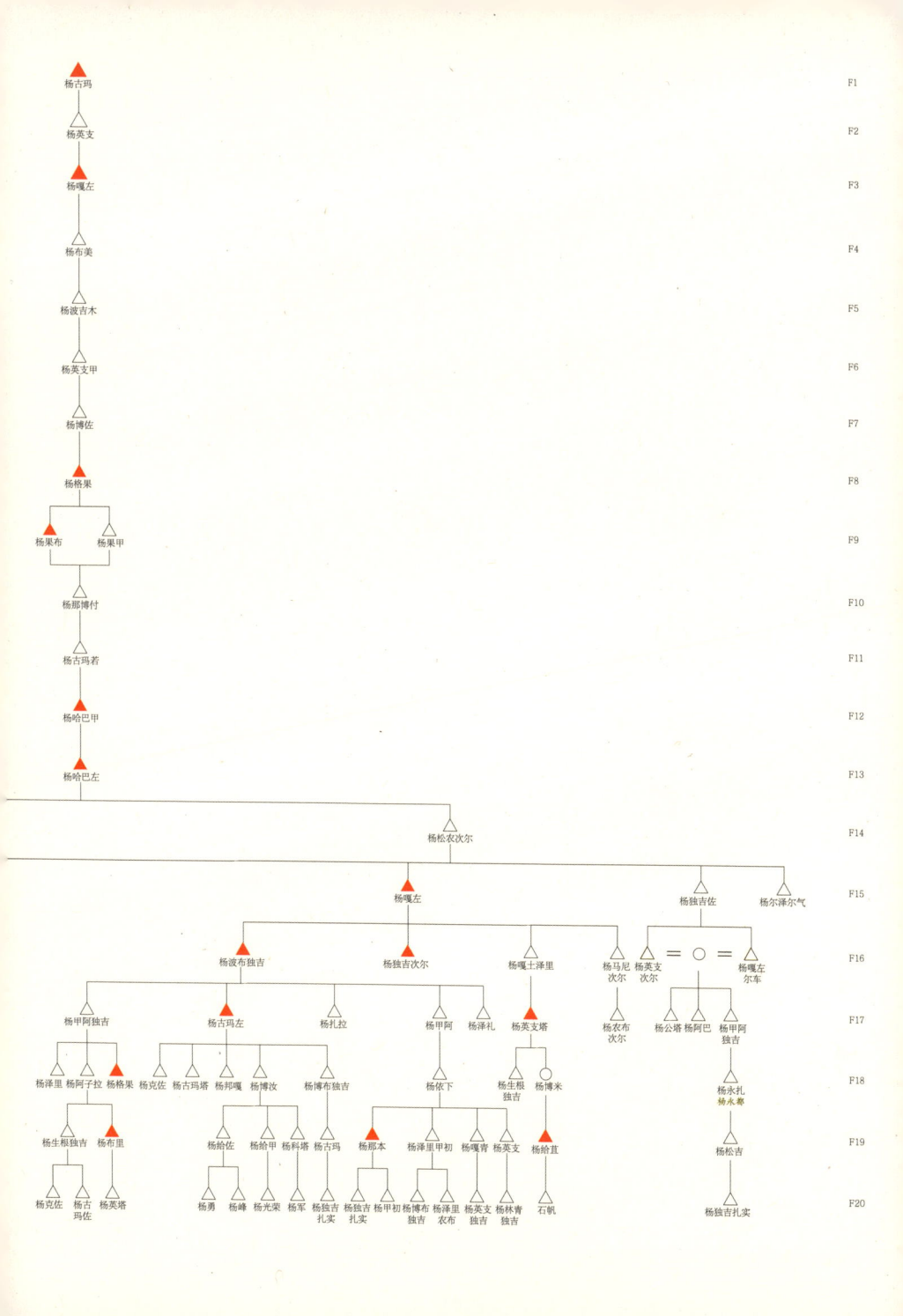

F1	杨古玛
F2	杨英支
F3	杨嘎左
F4	杨布美
F5	杨波吉木
F6	杨英支甲
F7	杨博佐
F8	杨格果
F9	杨果布 — 杨果甲
F10	杨那博付
F11	杨古玛若
F12	杨哈巴甲
F13	杨哈巴左
F14	杨松农次尔
F15	杨嘎左 / 杨独吉佐 / 杨尔泽尔气
F16	杨波布独吉 / 杨独吉次尔 / 杨嘎土泽里 / 杨马尼次尔 / 杨英支次尔 = ○ = 杨嘎左尔车
F17	杨甲阿独吉 / 杨古玛左 / 杨扎拉 / 杨甲阿 / 杨泽礼 / 杨英支塔 / 杨衣布次尔 / 杨公塔 杨阿巴 杨甲阿独吉
F18	杨泽里 杨阿子拉 杨格果 / 杨克佐 杨古玛塔 杨邦嘎 杨博博汝 / 杨博布独吉 / 杨依下 / 杨生根独吉 杨博米 / 杨永扎 杨永郡
F19	杨生根独吉 杨布里 / 杨哈佐 杨哈甲 杨科果塔 杨古玛 / 杨那本 杨泽里甲初 杨嘎青 杨英支独吉 杨给苴 / 杨松吉
F20	杨克佐 杨古玛佐 杨英塔 / 杨勇 杨峰 杨光荣 杨军 杨独吉扎实 / 杨独吉扎实 杨甲初 杨博布 杨泽里 杨英支 杨林青 独吉 农布 独吉 / 石帆 / 杨独吉扎实

图 3-6 后到油米村的杨姓家族谱系图

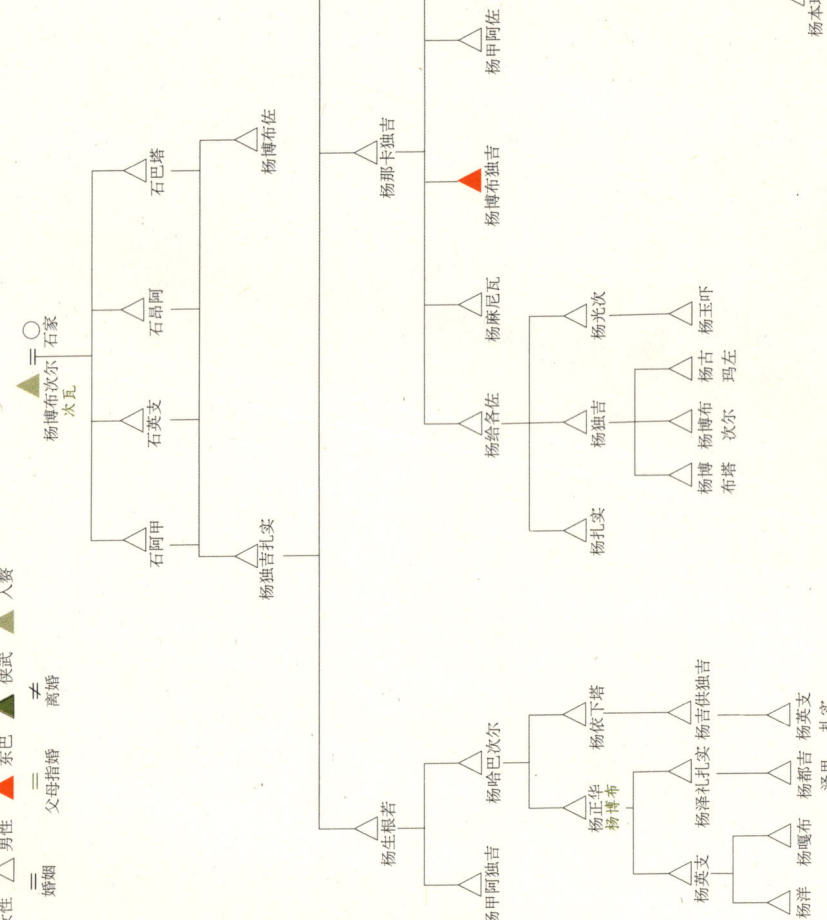

第二代总伙头杨波布独吉活到 85 岁,第三代总伙头杨古玛左活到 65 岁。

杨姓家族的《祭祖经》从第 15 代开始清楚记录每位祖先的后代,从第 16 代开始分支,每个分支详细记录本支系的祖先。从先到油米的杨姓家族谱系图可以看出主要有 6 支:杨依下塔支系、杨斯格独吉支系、杨波布独吉支系、杨嘎土泽里支系、杨马尼次尔支系、杨英支次尔和杨嘎土尔车支系。

后来的杨姓与先来的杨姓在次瓦村属同一支人,从次瓦村来油米村给石家做女婿。这户石家原本有三个儿子,都在无量河溺亡,因此才找了次瓦村的杨姓人家来守锅庄。从后来的杨姓家族谱系图里可以看出从第 4 代开始分支,到现在主要有两支:杨生根若后代、杨那卡独吉后代。

阿姓家族谱系

传说第一个来油米村的阿姓祖先阿洋玛若家住托甸,放牧来到了油米,结识了石家女儿,并与石家女儿相爱、生子。由于在托甸有家室,阿洋玛若不敢把石家妻儿带回去,于是在离油米村不远的山坳里,阿洋玛若故意让小孩哭,哭声传到了油米村。石家人听见小孩哭声不停,为探究竟顺着哭声寻了过来。在阿洋玛若说明真实情况后,石家让他们回到了油米,并分给他们一块田地。阿洋玛若跟石家舅舅学东巴，开始在油米繁衍生息，至今有了9代人，共20户。摩梭语中的"阿"在汉语中指"我"，阿公塔东巴介绍他们家族在托甸的亲戚姓熊，可见阿姓是来了油米村后的姓氏。

阿姓家族的《祭祖经》里从第3代开始清楚记录每位祖先的后代，从第4代开始分支，每个分支详细记录本支系的祖先。从阿姓家族谱系图可以看出主要有三个支系：阿英支独吉支系、阿独吉扎实支系、阿格公塔支系。

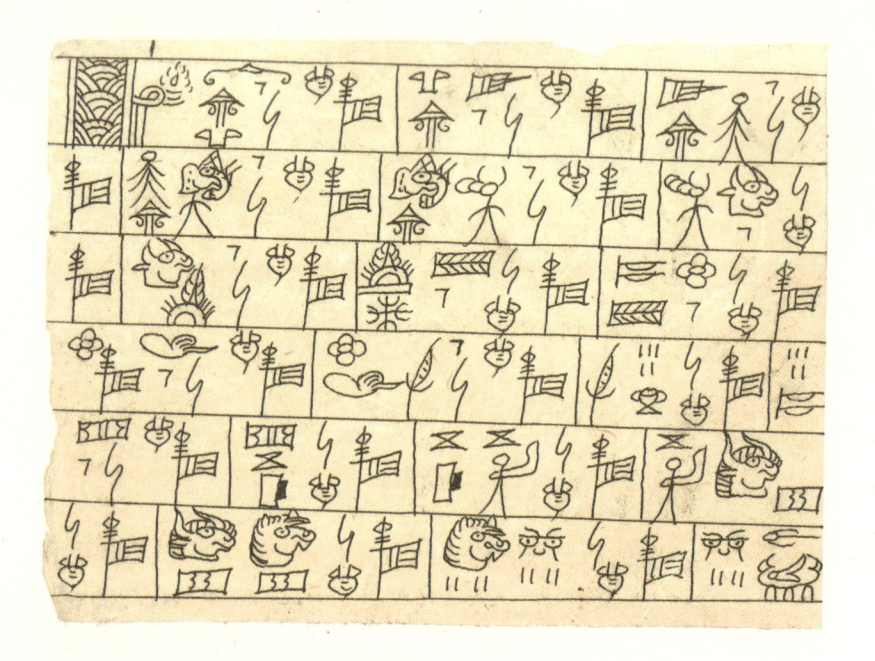

第三章 亲族网络

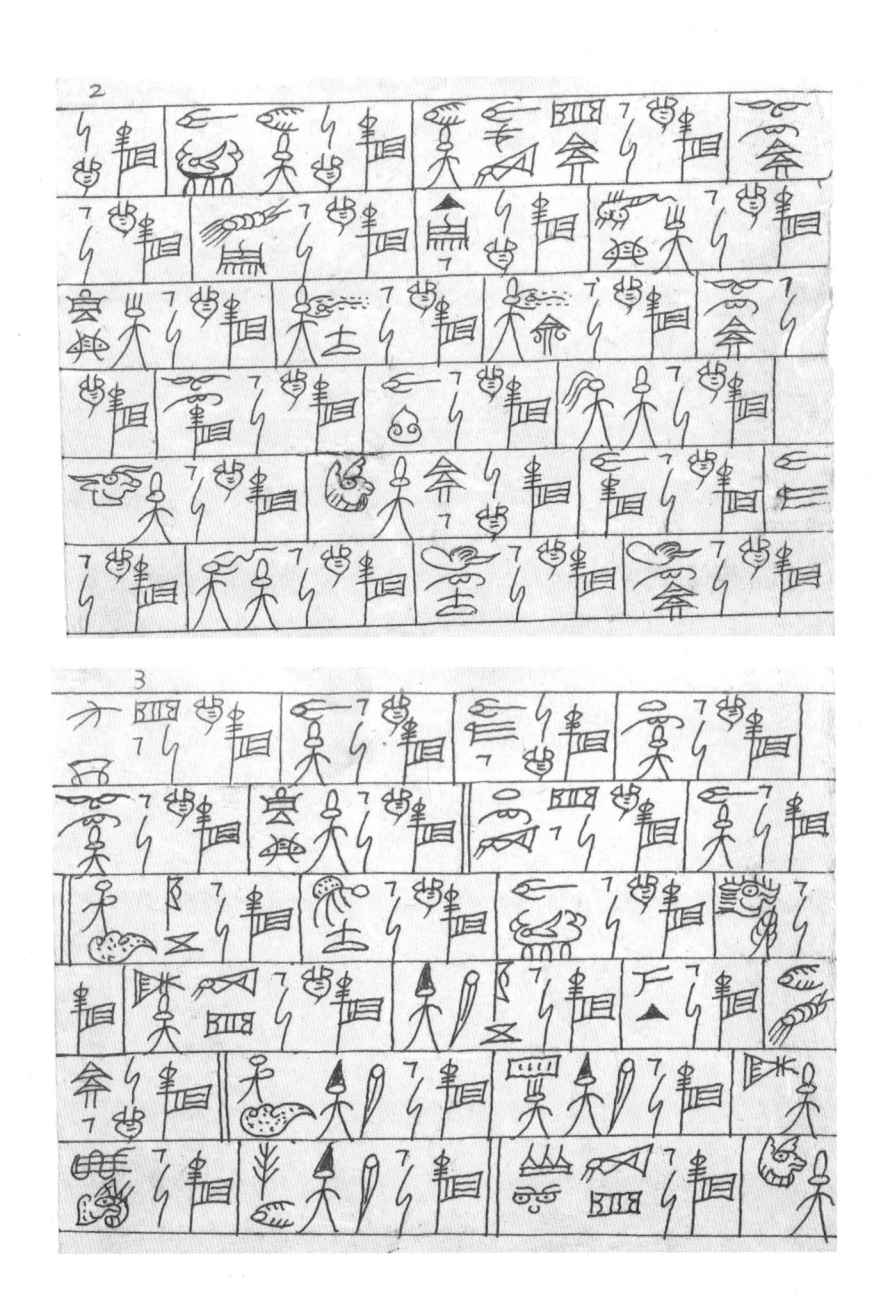

图 3-7 阿公塔抄写的阿姓家族《祭祖经》中的祖先名字

姑舅表优先婚

石农布侠武说:"我们油米村都是亲连亲,连过去连过来,像网一样。"石姓、杨姓、阿姓共三个家族,互相通婚,但各家族内不通婚。油米人的婚姻对象主要靠父母指定,他们尊重父母的选择,认为父母为其挑选的就是最好的。父母一般挑选亲戚家的孩子做儿媳或女婿,这样儿媳不会欺负长辈,婆家可以照顾女儿。在有近亲结婚传统的族群里,姑舅表联姻是最常见的婚配方式。2019 年 5 月,我们走访了油米 78 户人家,其中有 35 户的户主与配偶本身有亲戚关系,其中 25 户是姑舅表亲通婚。

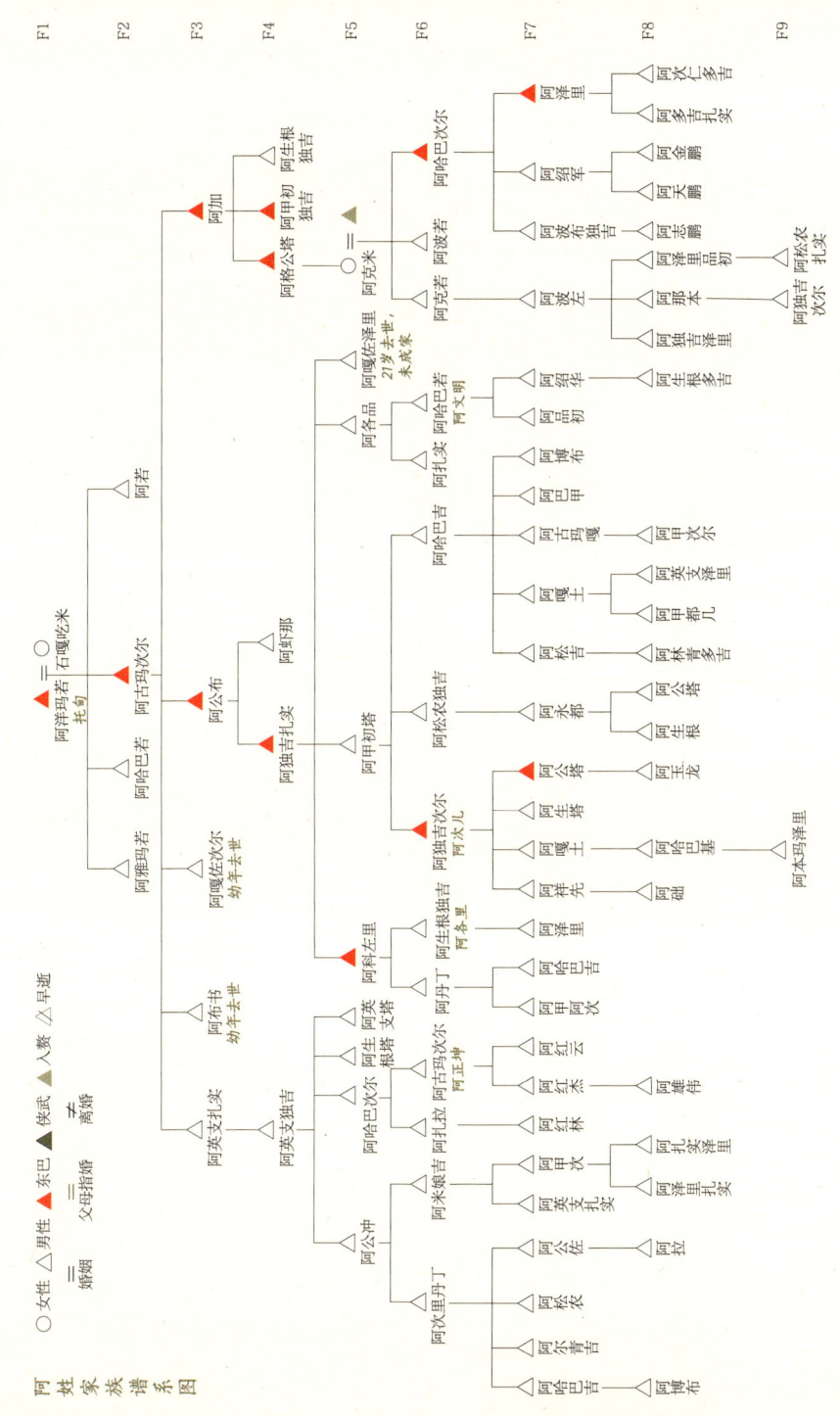

图 3-8 阿姓家族谱系图

东巴经《超度经》里有一则故事说明了姑舅表联姻的原因。传说有一家人，大姐远嫁时弟弟还很小，由于姐姐嫁得远，逐渐与娘家人没有了来往。弟弟长大后带着家里的猎狗去打猎，猎狗不见了，弟弟去寻找，结果猎狗来到了大姐家，并被大姐养在了家里。后来弟弟找到了大姐家，并要把猎狗带回去。大姐想不通为什么自己家的狗会跟别人走，越想越不明白，就追了上去，抓住弟弟的衣襟问："你是什么人？为什么我家里的猎狗会跟你走？"弟弟认为自己是来找自家猎狗的，被人阻拦很愤怒，一气之下用刀割下了衣襟一角离开了。大姐越想越不明白，甚至因此郁郁而终。后来火葬时，大姐的尸体不管用什么都烧不燃。大姐的子女找到舅舅家想办法，弟弟才发现他气死的是自己的姐姐，非常后悔，带去披毡盖在姐姐身上才顺利火化。为了这样的事情不再发生，后来油米人就用姑舅表婚来维系亲情，通过节日活动维系出嫁女儿与娘家人的来往。东巴经《梭梭库》中也写道：不是舅父儿，不能占有姑母女。因此在油米的摩梭人，父母会优先考虑姑舅表结亲，再请东巴给两位新人算五行是否合适，如果合适这门亲事也就成了。

家族里舅舅的多少决定了人丁是否兴旺。油米人认为"没有舅舅的人家发展不起来"。如果嫁给（娶到）了舅舅或姑妈家的孩子，他们仍会共同参与部分村庄习俗活动，与原生家庭的经济和生产生活交往频繁。对长辈来说，这好似孩儿仍在身边，更加放心。

油米村的摩梭人对称呼十分重视。男女双方结婚后组建新的核心家庭，没有小孩前对双方父母的称呼仍是结婚前的称呼，有小孩后与丈夫有关的亲戚就随丈夫称呼，对长辈则按照小孩称呼长辈的方式来称呼。东巴杨多吉扎实说:"教育小孩,从称呼开始。"比如,石哈巴米和石嘎玛两姐妹分别与杨多吉扎实的儿子杨宝荣和杨泽礼两兄弟结婚后,石嘎玛的孩子称呼石哈巴米为 a ni(爸爸的表姐妹),石哈巴米称呼杨多吉扎实为 a bur(公公)。

表 3-1 油米人对亲戚的称呼

a ma(四声):妈妈的姐妹 / 表姐妹	a gu:妈妈的兄弟 / 表兄弟
a ni(四声):爸爸的姐妹 / 表姐妹	a bo:爸爸的兄弟 / 表兄弟
a bu(四声):爸爸	a mei:妈妈
a bur(四声):爷爷 / 公公	bur bur:姑奶奶
a zi(四声):奶奶 / 婆婆	zi zi:姨奶奶
a bu(二声):哥哥	

注:大、中、小的发音分别为 der、ri、ji(例如,大姑是 a ni der,二姑是 a ni ri,小姑是 a ni ji)

家户中长辈的婚配形态往往会影响子女的婚姻选择。长辈为父母指婚的,其子女被父母指婚的可能性较大;如果父母辈自由恋爱,则其子女自由恋爱的概率更大。阿姓家族谱系图里,阿公塔的曾祖父阿独吉扎实由父母指婚与舅舅的女儿杨甲玛结婚,育有 4 个儿子,其中 3 个儿子的婚姻均为父母指婚,另外一个儿子 21 岁去世,未成家。阿公塔父亲阿次尔那一辈共有 13 个兄弟姐妹,均为父母指婚。阿次尔有 7 个孩子,全为父母指婚,其中 5 个孩子是姑舅表亲联姻。阿公塔同辈的兄弟姐妹已结婚的有 44 个,其中由父母指婚的有 24 个。与阿公塔的儿子阿玉龙同辈的兄弟姐妹中已结婚的有 33 个,其中由父

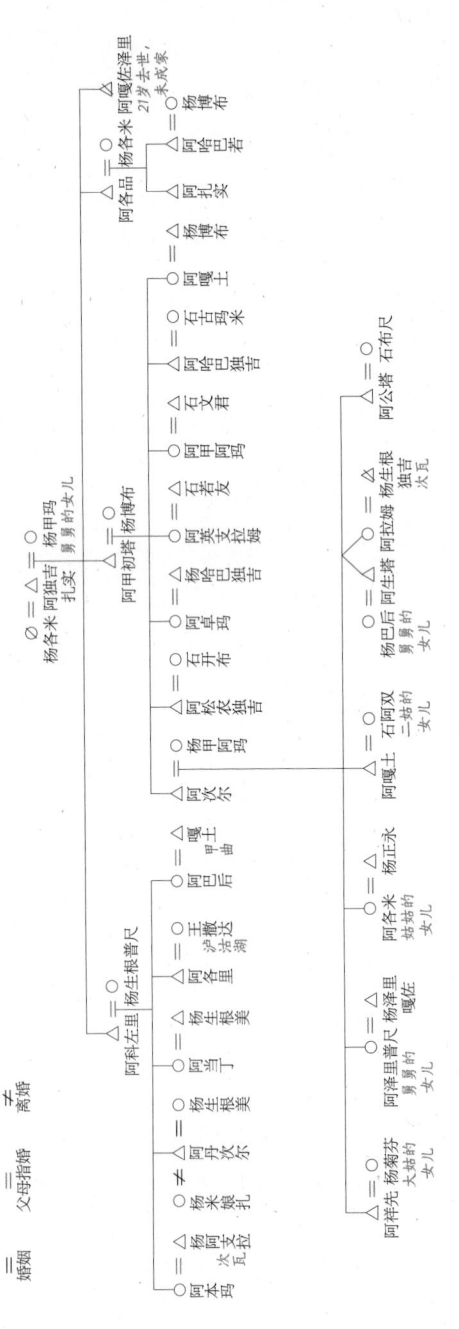

图 3-9 从阿公塔的家族谱系图中可以看出父母指婚对子女的影响

母指婚的有 17 个。

因为婚嫁离开油米村的女儿或儿子，有的会让自己的女儿或晚辈嫁回油米村。石文强的妻子杨世春就是这样，她从次瓦村嫁来油米村："我奶奶从油米村嫁到了次瓦村，所以把我嫁回来了。"为了因婚嫁离开村子的女儿（儿子）不孤单，家人会让晚辈给姑妈（舅舅）家做儿媳（女婿），让她（他）们相互陪伴照顾。比如阿家的阿本玛嫁到了次瓦村，阿本玛的侄女阿嘎土嫁给了阿本玛的儿子杨松品初，给阿本玛做儿媳。从油米村搬出去的油米人，有的也会让女儿嫁回油米村。比如杨玛佐的妻子石永婷，娘家在油米村附近的落科村，其父亲从油米村搬到了落科村的田地那边居住。后来石永婷被父母指婚，嫁回了油米村姑妈家，与杨玛佐结婚。此外，油米村存在少数的多偶家庭，即兄弟共妻婚。也有丈夫去世后，遗孀与丈夫的兄弟组成一家的情况。但如果家庭不和谐，丈夫去世后，他的妻子也可能会另有选择。

在油米村，妯娌为亲姐妹的也很常见。同在一个扩大版的家庭里劳动和生活，家庭和谐，双方父母都放心。如前文提到杨多吉扎实家的两个儿媳石哈巴米和石嘎玛是亲姐妹，由于石哈巴米先被父母指婚嫁给姑妈家的儿子杨宝荣，所以石嘎玛经常来姐姐家串门，后来与杨宝荣的弟弟杨泽礼自由恋爱。虽然当时石嘎玛有指婚对象，但她没有同意，向父母说明心仪对象后，获得了父母的认可，于是石嘎玛与杨泽礼顺利结婚了。石哈巴米和石嘎玛共同照顾公婆和小孩，共同分担家庭事务，全家其乐融融。她们的小妹石甲阿米由父母指婚许给了杨宝荣的堂弟

○女性 △男性 ⊘⚠ 早逝
═ ═
婚姻 父母指婚 ╪ 离婚

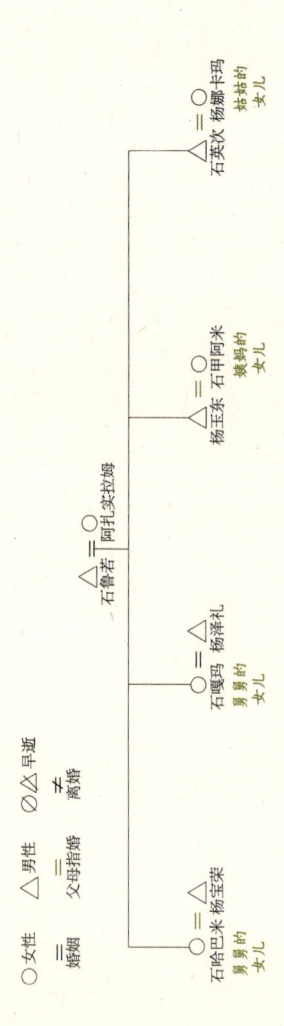

石哈巴米 杨宝荣 石嘎玛 杨泽礼 石鲁若 阿扎批灾拉姆 杨王东 石甲阿米 石英次 杨娜卡玛
舅舅的   舅舅的   姨妈的   姑姑的
女儿   女儿   女儿   女儿

图 3-10 石哈巴米三姐妹的婚姻关系图

杨玉东,给姨妈阿甲阿玛做儿媳。三姐妹成为妯娌,共同照顾家族长辈,共同分担家族事务。公婆不用担心妯娌不和,父母不用担心女儿受欺,她们还可以互相照应。

不过,油米村的婚配制度已开始受到外界的影响。父母指婚的方式一直稳定延续到"80后"那一代,如今达到结婚年龄的"90后"年轻人,主观性越来越强,自由恋爱的越来越多,慢慢开始有人与外村或外地人结婚。"90后"的石丽琳说:"到了我们这一代,对父母指婚看淡了很多,我也可以表达自己的想法,若实在不愿意,父母也不会再逼迫。最终还是要看自己的意愿。"也存在部分"80后""90后"接受父母指婚安排的情况。石英次是一位"80后"返乡大学生,作为家里唯一的儿子,他大学毕业后回到油米村,承担起照顾父母的责任,接受了父母指婚,与姨妈阿泽本卓的女儿杨娜卡玛结婚。杨松次的儿子杨林清是村里少有的"90后"大学生,大学毕业后虽然在丽江市工作,但他仍接受了父母的安排,2019年与舅舅家的女儿石甲米订婚。油米人世代遵循不越辈结婚的传统,但在今天不再与世隔离。对这里的男女青年来说,面对开放的世界,找对象将是一个挑战。

油米村家户间通过婚姻制度织起一个个网络,三大家族互相联姻,家户成员共同劳动生活,参与家族事务。这个庞大而紧密的亲族网络,使油米人凝聚在一起,同时深深吸引着油米村游子的心。

文 / 田秘林

第四章

山地农耕

东巴经里讲,人和自然是同父异母的兄弟。从古至今,从迁徙采集、游牧渔猎到山地农耕,大自然的馈赠滋养着勤劳的油米人。直到今天,油米人还是会捕鱼,采摘野菜、菌子和中草药,背回松毛(松针)堆沤积肥。油米人始终敬仰自然,每年都要做敬自然神(水龙)、转山的仪式,人们会在仪式上给自然神敬献谷物、牛奶等。

坐落于半山腰的油米村被山林、坡地和梯田环绕,与邻近的几个摩梭人村子遥相呼应。数百年来,油米人在这里修建家园、耕耘田地,形成了因地制宜的山地农耕生产系统,有肥沃的田地和贯通的水渠,还有周边的山林牧场。1960年修建的老堰沟,在村民的有序管护和政府的修缮下,至今已经运行了60多年的时间,为油米的生产和生活用水提供了保障。

复杂有序的山地农耕生产系统是油米人在与自然互动中积累的智慧。在外,形成了农业生产与自然环境相互交融的大循环;在内,形成了种养结合的农业生产小循环。就是这样的生产系统,养育了一代

图 4-1 油米的梯田一直延伸至无量河边 / 丁振东

又一代的油米人。

  根据山地特点与土地、气候和水源条件，油米人采用大春和小春轮作、用地养地相结合的农业模式，保障土地的良性循环，充分利用土地空间和环境资源，提高农业产出，满足生产生活中的多样化需求。饲养禽畜也是农业循环体系的组成部分。比如圈养的猪，吃的饲料主要来自农业产出、山林野菜和家户食物剩余，所产生的粪肥又在堆沤之后还于农田。牛、马和羊则是放养和圈养相结合，在种养循环之外，把山林也纳入循环之中，形成了"种＋养＋林"的循环。在农业耕作中，油米人使用的农具大多出自传统匠人之手，以铁、木、竹、石为原材料。随着社会经济的发展，油米村的生产生活也出现了新的面

图 4-2 麦田和玉米地环绕村庄 / 丁振东

貌，机械农具替代了部分传统农具，传统智慧和现代技术相得益彰。

狩猎采集

油米村拥有山林 2 560 亩[12]，树林主要分布在半山腰以上，断断续续地延伸到无量河边。树木以松、柏为主，间有小灌木、竹子、椿树、棕树等多种草木，还有桃、梨、梅、李、核桃、滇橄榄等多种果木。林间树下生长有中草药、菌子、野菜等。从前，山林中有很多野兽，如虎、豹、野猪、熊、马鹿、麂子、獐、岩羊、山驴等，山脚下

[12] 1亩≈667平方米。——编者注

的无量河中也有多种鱼类和水獭等野生动物，但现在这些野生动物少了很多。过去油米的男人去山上打猎、去河里捕鱼是很普遍的，捕获的肉类可以补充日常食物的不足。现在很多人家还保留着用麂子皮、獐子皮等做的坐垫、皮包等，祖先打老熊、打麂子的英雄故事也仍在流传。东巴石生根独吉（1908—1992 年）就是全村的英雄，他 29 岁时就已经打了 6 头熊，打的麂子、岩羊不计其数。后来由于人口增多，村民为了日常生活，砍伐山林树木也较多，山里的野兽就变少了，油米人打猎也逐渐减少。随着许多野生动物被列入保护范围，并且在 2000 年左右，国家禁止狩猎、收缴猎枪，村里人就不再打猎了。现在农闲时，有些人家依然会去无量河捕鱼，或鲜食，或晾成鱼干，或做成"臭鱼"食用。

山林中的野菜和菌子同样是油米人的餐桌佳肴。采集主要是女人的事情，从七八岁的女孩到五六十岁的老妪都是采集的主力。野菜的种类是丰富多样的，有山野菜、野韭菜、蕨菜、鱼腥草（折耳根）等，其中最多的是四五月可以采的山野菜，味苦但鲜美，开着紫色和白色的花。七八月雨季来临，菌子出土，有青肝菌、牛肝菌、鸡㙡菌（又分为鸡鸡㙡、羊鸡㙡、牛鸡㙡）、杂菌等诸多种类。在所有菌子中，鸡㙡是最好吃的。油米人一般把鸡㙡菌用清油、花椒加热后炸起，最后加盐做成鸡㙡油。孩子们最喜欢鸡㙡油了，上学时会带到学校去吃。另外，山林中也有龙胆草、土黄连、甘松香、大黄等药材，能辨识药材的油米人用它们泡制苏里玛酒和护肝养胃的药酒，通晓医术的东巴还会配制草药来治疗肝炎、妇科疾病等。

图 4-3 村民从山中采集菌子晒干保存 / 张艳艳摄

图 4-4 油米人用采集的草药泡制药酒 / 张艳艳摄

图 4-5 采集劳动主要由村里的女性承担 / 丁振东摄

  山林中的落叶也可以变废为宝，堆沤成为田地里的积肥。阔叶树的叶子最好，针叶树的叶子次之。在油米村周围的山上，松树是最多的，松毛也就成了农户收集得最多的树叶。冬天，松树下会有一层厚厚的松毛，妇女们上山背松毛的时候会带一个松毛耙耙和一根绳子。先用松毛耙耙把松毛归集在一起，再用绳子捆扎后背回家。以前油米人是用背篓来背松毛的，松毛体积大、重量轻，一背篓松毛其实很少。后来油米人从藏族人家学习用绳子来背松毛，一根绳子可以捆起 5~6 背篓的松毛，现在油米人背松毛大多都用绳子了。松毛背回来后放到牲畜圈里，经牲畜踩踏后积沤成肥，这便是很好的农家肥。东巴经里讲，人和自然是同父异母的兄弟，自然是哥哥，人类是弟弟，虽然分家了,还是要和气。东巴经神话《署的来历》中讲,自然掌管的是山林河湖和野生动植物,人类掌管的是庄稼、家畜等。人与自然犹如兄弟相互依存,人类如果破坏这种关系,就会遭到自然的报复。油米人从山林获取木材、松明、中草药、菌子、野菜、松毛和金银等,都遵循着一些律例,比如砍柴要选枯树,砍树要去深山茂林里,水源头的树木不能砍伐,渔网的网眼要大,以放生小鱼……油米人的日常习惯表达着对自然的感恩和敬畏。

田与地

在油米人讲的摩梭语中,田地分为"坡里"与"实里"。前者指不能灌溉的田地,只能种大春,不能种小春;后者指能灌溉的田地,大春和小春都能种。用汉语描述油米的田地,可分为坡地、梯地与梯田。坡地是依山势自然形成,有一定坡度的土地。梯地指没有坡度的旱地,大多是由人工改造坡地形成的,少量是自然形成的,只能用来种植旱作作物。梯田指水利条件比较好、用来种植水稻的梯地。在油米人的心中,能种水稻的梯田,就是最好的田地了。

油米村的田地是从建村开始,由世世代代的油米人逐渐开垦形成的。自然形成的坡地和筑沟引水形成的梯田相互交错、层层叠叠,一直延伸到无量河边。

田地的开垦有一个逐渐变化的过程。在"农业学大寨"的时

图 4-6 从高处鸟瞰，可以明显感受到油米的地势 / 丁振东摄

期，有一个"坡改梯、梯改田"的过程，村民为此投入了大量的人工。杨多吉扎实说："那个时候，过年只放半天假，其他时间都在修梯田，很辛苦。"梯田又被称为保水、保肥、保墒的"三保田"，对水土保持、增产增收有好处。到 1979 年，油米村共有耕地 305 亩，其中水田 50 亩。土地承包到户之后，农户继续在原有田地周边开荒，田地面积不断增加，到 2019 年，村里基本农田面积为 638 亩。目前，这些土地划分为 300 多块，面积最小的仅 5 厘[13]，最大的将近 8 亩。

13　1 厘 ≈ 6.67 平方米。——编者注

表 4-1 1979 年年末油米村实有耕地面积　　　　　　　　　　　单位：亩

	合计	水田	旱地			集体所有制	社员自营地
			合计	水浇地	轮歇地		
下油米	190	36	154	113	41	158	32
上油米	115	14	101	77	24	99	16
合计	305	50	255	190	65	257	48

资料来源：宁蒗县档案馆材料（案卷号：4，文书号：2）《拉伯公社一九七九年的农业生产材料》

图 4-7 冬季的田与地：绿色地块是可以种植小春的实里 / 张艳艳摄

随着社会经济的发展和周边村落的影响，油米人种植的作物在不断变化，最具代表性的是水稻的种植面积逐年减少，梯田又逐渐改回梯地了。值得庆幸的是，虽然近年来外出务工村民较多，从事农业的人口逐渐减少，但油米人通过村落内部的土地流转，保证了所有的田地都有人继续耕种。

老堰沟

除了田地，农耕丰收还离不开水，油米山地农田的灌溉全靠人工修筑的水渠，油米人称之为"堰沟"。目前油米灌溉用的堰沟是1960年修建、1962年通水的，到现在已有60多年历史了。在修建这条堰沟之前，油米村也有水沟，水也很好，大小春都够用。据老东巴回忆，那条水沟是油米人的水，因此只有油米村有资格种小春。水沟虽然也流经加租村，但加租村的汉族人都是佃户，没有资格种小春，他们用水只能种一个小菜园。到交粮给永宁土司的时候，油米人大春和小春都要交，加租人只交大春的粮食。

1960年人民公社时期，在金江公社党委的统一指挥下，加泽乡（现在的加泽村）组织年轻力壮的突击队开挖堰沟。当时油米村有10个劳动力参加了这个突击队，他们带着农具、炸药等去拉伯乡修了两条水堰，之后又来修建加泽乡的堰沟，其中就包括油米堰沟。油米堰沟始于落科村的大沟，流经落科、泽地一村的下方、瓦日村的上方、加租村的下方后通到油米。这条堰沟是5分水（每100米长的沟渠上下落差是 5 米），水流通畅，从通水到现在从未断流。由于这条堰沟为油米村所独用，所以没有用水纠纷，这是油米人很自豪的事情。

油米堰沟是露天的，需要时时管护，维修堰沟的工作主要由男人负责。在合作社时期，合作社专门安排两个男性劳动力管堰沟，每个人记 12 工分，是当时的最高工分。1981 年包产到户时，村里针对管理、维修和使用堰沟专门讨论确立了制度。首先是下村和上村分开，根据人口和面积的比例，上油米占 4 份，下油米占 6 份。而后上下油米各自根据人口和土地的情况，分别讨论建立了不同的制度。

图 4-8 水渠里的水流过村庄 / 张艳艳摄

按照人口和土地面积计算每户维护管理堰沟的时间，在油米被俗称"水份"。上油米按照家户分配维护管理堰沟的时间。上油米共有11户（一户最少4个人，最多9个人），全村辩论之后，考虑到各家户人口差距不大（2∶1，用油米人的话来说拉得拢），每家土地的地情又较为一致，家户间可以公平分配。每户的水份是1天，即每户要维护管理堰沟24小时，在灌溉的时节农户按照水份轮流管理堰沟。下油米共有25户（一户最少3个人，最多12个人），人口悬殊太大（4∶1，用油米人的话来说拉不拢）。下油米土地的地情又分两种，半边是很漏水的（民国时期没有种过小春，土地松，吃水多），另半边是不漏水的（一直以来大小春都种，土地紧，吃水少）。所以经集体讨论之后决定，一亩漏水地算8小时，一亩不漏水地算6小时。据此计算出每户的水份，比如杨多吉扎实家的水份是60小时，即每年在农作物生长至收获的季节，他家要维护管理堰沟60小时。

在用水的时候，考虑到公平、地情等因素，上油米和下油米规定：小春下油米先用水，大春上油米先用水，还有田地分块轮流用水的情况。这样规定，一是为公平，二是因为小春的时候先用水的半边可以早撒种，晚用水的那部分土地，由于靠着稻田，晚种植可以避开蝗虫灾害。

在农历四月大春播种之前，村里会组织一次堰沟的清理维护，方便即将到来的春播灌溉用水。另外，如果堰沟遭遇突发的堵塞垮塌，就需要全村男性劳动力一起出工维修加固。1998年发生洪涝灾害的时候，山体滑坡冲坏了堰沟，那是这条堰沟遭遇过的最大破坏。当时全村家户都去维修各自负责的区域,修了一个多月的时间,这也是迄今为止规模最大的一次堰沟维修。2014 年,政府出资将堰沟修成三面防渗的"三面光"形式,与油米人生计息息相关的堰沟旧貌换新颜,村民对它的维护和管理也愈发细心了。

图 4-9 "三面光"的水渠 / 梁海梅摄

大春与小春

油米村地处干热河谷,根据当地的气候及土地等条件,油米人有序开展季节间轮换种植,一年种植两季,大春小春轮作。大春在春夏季,种植水稻、玉米、豆类、南瓜等;小春在秋冬季,种植小麦、蚕豆、豌豆、绿肥等。四季轮转,农时节庆提醒着人们春播秋收的农事时间。伴随着年复一年的耕耘收获,吃新米、尝新麦等节庆礼俗也岁岁如常。

图 4-10 大春玉米地里套种的南瓜 / 张艳艳摄

图 4-11 小春种植的绿肥、蔬菜 / 张艳艳摄

为满足自家生活、养殖和仪式的多样化需求，油米人充分利用有限的土地，开发出多种作物间作套种的方式。一块田里间作套种多种作物，充分利用生长空间和环境资源，使土地有多样化的产出。在夏播秋收的大春，油米人的田地里最常见的就是玉米和水稻。在玉米地里还会套种苋米（籽粒苋）、黄瓜、苦瓜、南瓜、白萝卜、葵花等。自2019年起，油米不再种植水稻，不过在大春收获后，油米人家还是会在农历十月初一延续旧俗，过"吃新米"的节日。

小春是头一年秋末播种，第二年初夏收获。只有能灌溉的实里才可以在小春种植，坡里不能灌溉，是不种小春的。小春也有多种套种模式，比如小麦与豌豆套种、绿肥与蔬菜套种等。小春收获后的农历四月初一，就是"尝新麦"的节日，油米人会请村里亲友来家里吃新麦子做的粑粑。

小春种植的绿肥，学名光叶紫花苕，在油米村广泛种植。根据《宁蒗文史资料》第四辑的记载，20世纪八九十年代，为促进畜牧业发展，提高土壤肥力，政府推动绿肥种植。绿肥不是当地的传统作物，农户每年都从外面买种。绿肥既能增辟肥源，又能改良土壤。农户还可以把绿肥当作家禽家畜的主要饲料，新鲜的绿肥可以喂鸡、喂猪，晒干后的绿肥可以粉碎保存，泡水后又能喂猪、喂牛。

近年来，在大春和小春轮作之外，果树和蔬菜也以新的形式出现在油米人的田地中。

图 4-12 砍芭蕉的老妇人 / 张艳艳摄

图 4-13 老人在小菜园摘菜 / 丁振东摄

油米人一直有在山上、房屋周边、田地里种果树的习惯。近20多年，外出务工的人逐渐增多，村里留守的劳动力减少。为响应政府"少种粮食多种树"的号召，农户开始在田地里大量种植果树、核桃树。果树比较小的时候，树下还可按大春和小春轮作的方式，种植合适的作物，比如小麦、玉米、绿肥、瓜、豆等，可称为"农-果模式"。现在的油米村，一月二月收黄果和橄榄，四月五月收李子，九月十月收核桃和石榴，还有桃子、橘子、芭蕉，五彩斑斓的水果给油米人的生活增添了滋味，在祭拜神灵祖先时也增加了一份敬意。

图 4-14 采摘木灵芝 / 丁振东摄

油米村农户一般在家的周边或水龙洞边等水源比较充足的地方开辟小菜园，四季循环种植，方便妇女日常管理和采摘。五六十年前，油米人种植的蔬菜多为白菜、青菜、萝卜、芜根（蔓菁）这几种。现在，小菜园里有青菜、白菜、生菜、包心菜、萝卜、芜根、魔芋、黄瓜、苦瓜、豌豆、茄子、辣椒、韭菜，也有薄荷、芫荽（香菜）、葱、蒜、姜等用作调味品的蔬菜。这些蔬菜绝大部分都是农户可以自己留种的，只有茄子、辣椒等少量蔬菜是需要购买的杂交品种。油米人种植蔬菜主要为自家食用，只施农家肥，吃起来安全放心。

播种五谷

敬畏自然的油米人，会把田间的收获供奉给神灵和祖先。在烧天香、祭水龙、转山、吃新米、尝新麦等仪式中，人们将收获的五谷用于祭祀，火塘旁的神柜前也会供奉上黄果、石榴等当季水果。据东巴杨多吉扎实讲，经书中记载，高层次的神都是吃素的。油米人敬神的时候，需要用到黑白两色的粮食，[14] 其中白色的有5种，是男性的替身，包括稻谷、小麦、大麦、青稞、稗子；黑色的也有5种，是女性的替身，包括甜荞、苦荞、小米、高粱、米豆。转山的时候也要撒五谷，分别是玉米、稻谷、大麦、小麦、青稞，用来代表金、银、绿松石、玛瑙、玉石五样珍贵的东西，这些谷物都要用生的，不能是炒

---

14 这里黑白两色的粮食，指的不是粮食的具体颜色，而是粮食的雌与雄，在油米的东巴文化传统中，认为主粮为雄性，用白色代表，杂粮为雌性，用黑色代表。

熟的。

油米在干热河谷地带，生态环境比较脆弱，在过去的五六十年中，油米村种植的作物品种发生了很多变化。根据文献记载，油米所在的永宁地区传统的农作物是稗子、燕麦、小麦、玉米、荞麦和大豆等，稗子曾是当地人的主要粮食。[15] 随着经济社会的变化，稗子、燕麦、荞麦、麻等作物慢慢消失了，取而代之的是玉米、小麦、烤烟、绿肥等作物。智慧的油米人顺应时代的发展，不断调整种植的作物，满足当时当地的需求。

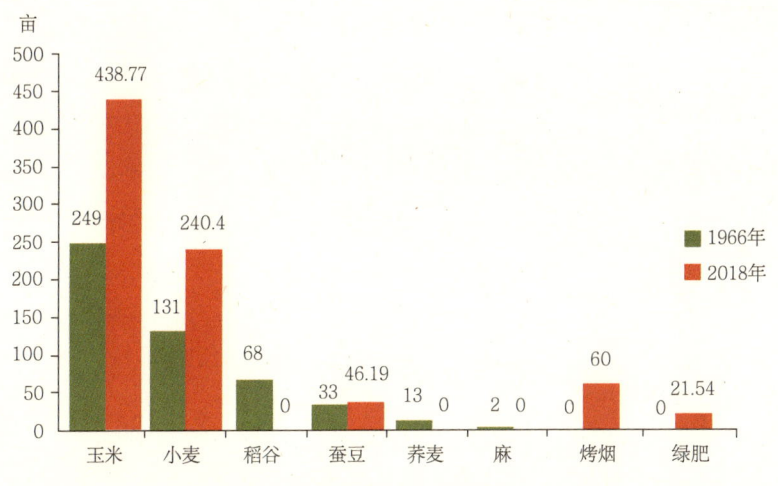

图 4-15 对比 1966 年与 2018 年油米村种植的作物可以发现，玉米和小麦的种植面积明显增多，已不再种植稻谷、荞麦和麻，烤烟和绿肥是新增加的作物

15　参考《云南省宁蒗彝族自治县永宁纳西族社会及其母权制的调查报告》(1964 年 12 月)。

水稻曾经是油米村最重要的粮食作物，种植在梯田上，田埂边可以栽种番茄。但1990年之后，由于缺水、劳动力投入大、经济发展等问题，油米村的水稻种植面积逐渐减少，到2019年油米村就不再种植水稻了。从前，油米村的红米在当地以味道香甜闻名，现在这种香甜的味道只能保留在油米人的记忆中了。

杨多吉扎实清晰地记得水稻逐渐消失的过程，他说："1981年分田到户后，大家还在种水稻，次瓦村的人还来我们这里背秧苗（一种交换传统品种的方式）。我们油米村不种水稻是从次瓦村那边传来的'懒人病'。玉米投入少，产量高，大家不管好不好吃，都改种玉米了。1985年，次瓦村杨家摩梭人开始不种水稻了，然后传到库土村、麦地湾村、泽地村、大田坝村、树枝村，再传到油米村。从（20世纪）90年代开始我们油米村开始减少水稻种植，到2018年只有阿永都最后一家种水稻。他家水稻出穗结籽后，麻雀铺天盖地飞来啄，稻谷都被吃光了，2019年就没人种了。自己种水稻的时候，要交给土司或交公粮给国家，一年只能吃四顿米饭：尝新米、杀猪、过年、春节各一顿。刚开始不种水稻的时候，还是心慌慌的，担心以后吃不上大米了。现在不种水稻，却天天都能吃上买来的大米了。"

现在玉米是大春最主要的作物。玉米是旱作，梯地和坡地上都可以种植。曾经玉米是油米人主要的口粮，但随着经济条件变好，以玉米为主食的人越来越少了。现在油米种植的玉米有传统糯玉米、白马牙玉米和黄玉米三大种类。白马牙玉米和糯玉米是人吃的粮食，糯玉米磨成粉后还可以做粑粑，黄玉米主要用来喂养牲畜。虽然玉米到现在仍是油米种植面积最大的作物,但东巴经中唯独没有提到玉米。据杨多吉扎实东巴考证,因为玉米是明末清初才引入当地种植的,而东巴经早于这个时代就已成文,所以在经书中没有记载玉米。

小麦一直是小春最主要的作物。现在种植的小麦品种几乎全是无芒的光头麦,是从三江口和次瓦村引入的传统品种,农户可以自己留种。以前村里还种过腊麦(当地的一个小麦品种),穗长又好吃,但因为不抗倒伏、难脱粒,已经被淘汰。小麦收获后主要做饲料和粮食,少量用于销售。麦面也可以做粑粑,蒸或油炸来吃,这是当地人喜爱的早餐。家里的母牛产奶的时候,还可以用牛奶混合麦面、白糖做粑粑,老人、孩子都喜欢吃。

图 4-16 风灾后的玉米地 / 张艳艳摄

图 4-17 在麦田中劳作的村民 / 丁振东摄

　　以前油米村是种植麻的。麻皮可以纺线做衣服，麻籽可以榨油。在 20 世纪六七十年代，油米村大多数人还穿麻布衣服。在油米村的丧葬仪式上，也有披麻戴孝的规矩，是必须用麻的。如果妈妈过世了，女儿的头发就要散开，把从麻秆上撕下来的还没有搓成线的麻接在头发上，这就是油米人的"披麻"。20 世纪八九十年代，政府禁止种麻之后，[16] 油米村的麻也慢慢消失了，丧葬仪式中的"披麻"也没有了。

16　油米从前种的麻即大麻，麻秆可纺线织布。1990 年 12 月 28 日第七届全国人民代表大会常务委员会第十七次会议通过《全国人民代表大会常务委员会关于禁毒的决定》，中华人民共和国主席令第三十八号公布，自公布之日起施行。其中第六条是：非法种植罂粟、大麻等毒品原植物的，一律强制铲除。

2016年，油米村加入金沙江流域纳西山地社区网络，[17] 网络内的东巴们目前在寻找可以替代麻的当地作物，以恢复当地的传统习俗。

妇女是选种留种的主力军。油米村现在还在留种的老品种有白马牙玉米、本地糯玉米、光头麦、豆类、南瓜、黄果、核桃等，还有多种蔬菜。老人说："种子需要换种在不同的土地上，才能长得好。"所以留种的老品种会经常相互交换，既可以在村内进行交换，也可以与外村交换，姻亲之间是一个重要的换种渠道。基于数百年农耕经验的积累，油米人摸索出了种子交换的原则，小麦的种子要从海拔低的地方交换过来，稻谷的种子要从海拔高的地方交换过来，才可以丰产。

多数家庭小面积种植 红皮葵花、折耳根、薄荷、野生芹菜、青菜、白菜、豌豆、苋菜、萝卜、生菜、包心菜、葱、姜、蒜、香菜、蚕豆、辣椒、茄子、黄瓜、白色糯玉米、石榴、橄榄、桃子、李子、梨、香蕉	少数家庭小面积种植 苦瓜、长南瓜、米豆、红薯、黄豆
多数家庭大面积种植 玉米、小麦	少数家庭大面积种植 烤烟
消失的作物 水稻、麻、荞麦、大麦等	

图 4-18 2018 年油米村农作物种植情况

---

17 金沙江流域纳西山地社区网络是在农民种子网络支持下，于2016年底由云南省丽江市玉龙纳西族自治县（以下简称玉龙县）宝山乡石头城村、吾木村和宁蒗县油米村共同成立的，2018年宁蒗县拉伯村也加入了该网络，形成了两个纳西族村落和两个摩梭人村落的交流平台。

饲养六畜

在油米村，每一头牛都有自己的名字，牛被当成家庭成员。传统的土掌房是人畜共居的，人住在上层，禽畜在下层。现在随着住房条件的改善，有些人家做了人畜分居，在田地旁边专门建了简单的圈舍给牲畜，但大多数油米人家依然保持人畜共居的方式。

清晨，天蒙蒙亮的时候，鸡鸣声响，土掌房的屋顶上烧起天香，油米开始了新的一天。老人或孩子会在早饭后把牛、骡马、羊等赶上山吃草，山上有个放牧坪，很多牲畜就放在那附近。油米村家家户户都圈养猪，打猪草是每天必做的功课，或者早饭前后去地里找，或者放牧的时候在山上找。俗语讲"猪菜切得好，如同加白米"，猪草要用刀剁碎或用机器打碎后拌以煮熟的玉米粉来喂猪。鸡散养在庭院或房屋周边，它们会在菜地里或草丛中觅食。农户或是凑点猪食来给它们吃，或是在空闲时撒点粮食给它们。日落西山之前，放牧人从山上喊回牛、骡马和羊饲喂。牛马羊回圈，鸡鸭归笼，一天才真正结束。

牛、骡马是油米人生产生活中的好帮手。东巴经中讲："牛是粮食的父亲，水是粮食的母亲。"牛是犁田耕地最重要的畜力，大多数农户至少有一头耕牛。油米人称公牛为"谷子"，公牛可以被训练成耕牛，从三岁开始犁地，可效力十多年。骡马则承担运输的重任，可以驮运盐巴、茶叶、果品，也用来运输肥料、粮食、砂石等。有些农户饲养大量骡马组成运输队，专门做运输生意。牛、骡马除了农户自己繁育，多由骡马经纪人往来买卖。以前农户买耕牛的多，

第四章 山地农耕

图 4-19 人畜共居 / 张艳艳摄

图 4-20 油米人把牛当作家庭成员来对待 / 丁振东摄

图 4-21 东巴给冠军小马点酥油 / 秋笔 摄

随着社会经济的发展，旋耕机逐渐替代了耕牛来耕地，摩托车逐渐替代了骡马做交通工具，但是在油米村偏僻的田块中和陡峭的山林小路上，依然可以见到耕牛、骡马忙碌的身影。现在，买骡马做畜力驮运的村民又多了起来。特别是现在村民盖房子的多，石料都需骡马来驮运。油米人对牛马很有感情，会给它们取名字，把它们当成家人一样对待。石农布侠武说他从前养过一匹红色本地骡，养到40岁他也舍不得卖掉，最后葬到山上了。

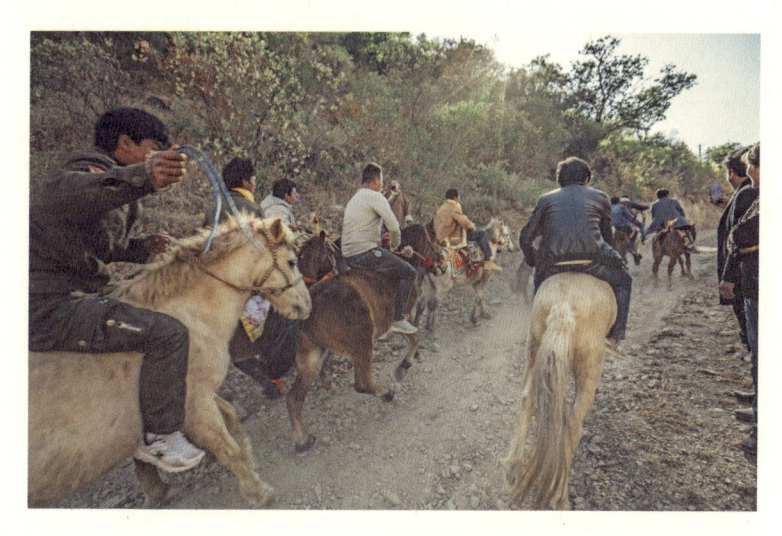

图 4-22 摩梭新年有赛马的习俗 / 秋笔摄

在当地传统习俗中有赛马活动，是最盛大的民俗活动之一，但改革开放之后就没再举办过。2020 年摩梭新年正月初一，村里的年轻一代又筹资恢复了这项活动。此次赛马由村民筹资 6 000 多元举办，只允许次瓦村、树枝村和油米村的摩梭人参加，参加者都自愿签订了安全协议。下油米的石阿鲁和杨玉婷共同主持了比赛，村里所有的东巴都参加了这场活动，杨多吉扎实东巴还专门在第一名的锦旗上写上东巴文。

在山地农耕系统中，人们协作安排饲养禽畜、种植作物，形成了种养循环、农林结合紧密契合的模式。在油米村，除了少量的羊是在山上纯放养的，其他禽畜都是半牧半饲的或者纯饲养的。禽畜的粪便、踩踏堆沤的松毛等农家肥可以增加微生物的多样性，改良田地和山林的土壤，保持水土生态平衡，滋养作物生长。

饲养禽畜给油米人提供了日常所需的肉、蛋、奶等食物。日常生活中，油米人是不杀牛和羊的，猪和鸡是油米人家最主要的肉类来源。油米的杀猪节有两天，农历十一月初八是杨家的杀猪节，初十是石家和阿家的杀猪节，过节时每家至少杀一头年猪，用来做猪膘肉、腊肉、灌猪脚、魔芋猪血等。鸡在油米人的生活中也是十分重要的，油米人认为鸡对产妇是大补食物，所以妇女坐月子一般要吃掉四五十只鸡，亲戚和邻居来探望产妇的时候，也会带鸡和鸡蛋。牛奶对油米人来说也很重要。母牛在哺育小牛的时候，每天产1~3斤奶，油米人喜欢把牛奶放在有盖的桶里，放置三四天待有些酸味后再喝，还可以用牛奶打酥油，或者混合面粉做粑粑，这些都是难得的美食。

图4-23 老人挤牛奶／张艳艳摄

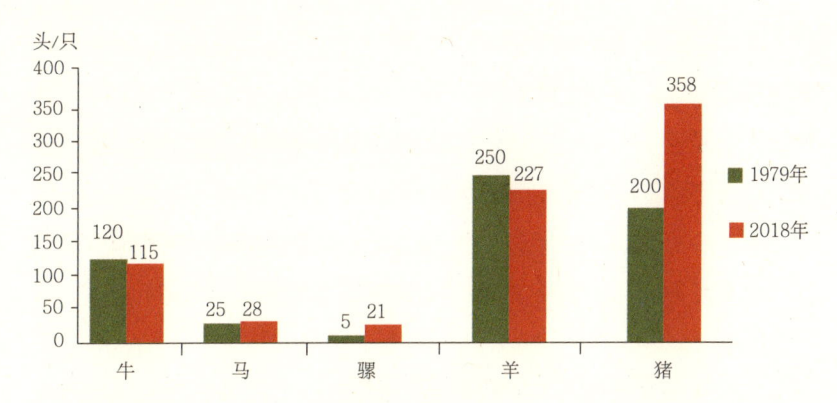

图 4-24 1979 年和 2018 年油米村养殖牲畜数量对比

注：1979 年数据参考宁蒗县档案馆材料（案卷号：4，文书号：2）《拉伯公社一九七九年的农业生产材料》，2018 年数据来源于村庄调研

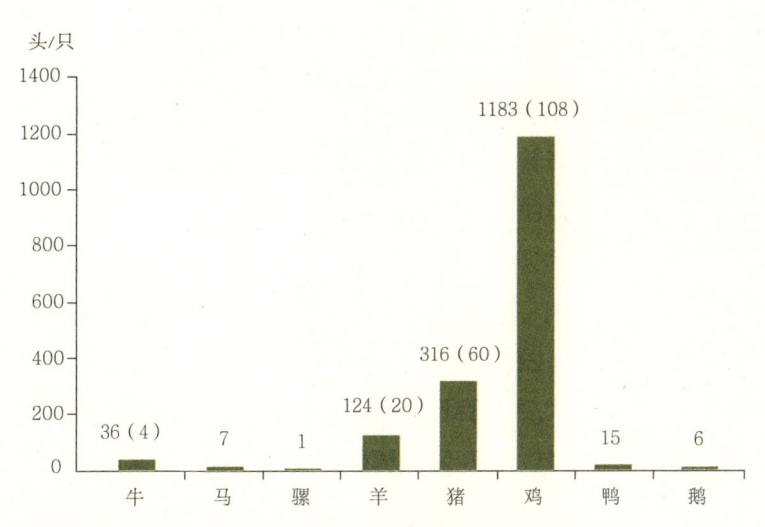

图 4-25 2018 年油米村牲畜出栏数量，括号中数字为仪式使用牲畜的数量

近 40 年来，油米村养殖牲畜的数量发生了很大的变化。牛和马作为主要的畜力，饲养数量呈现出先增后减的趋势，分田到户之后随着当地农业的发展，牛马数量先是增加，而后因为畜力逐渐被机械代替，数量又明显下降。羊的养殖数量是变化最大的，在 1998 年前后数量曾经达到过 1 000 只以上，后来随着外出打工愈加便利和在村务农人员的减少，养殖数量已经大幅下降。猪是油米人重要的肉食来源，随着经济

图 4-26 杨多吉扎实东巴看羊膀 / 张艳艳摄

条件的改善，养殖数量稳步上升。

　　养殖的禽畜是东巴仪式上供奉祖先和神灵的重要祭祀品。在2018年油米村的东巴仪式中，总共用了108只鸡、60头猪、20只羊、4头牛。比如在消灾仪式上，至少要杀一只鸡，东巴会看鸡头和鸡冠来判断仪式有没有做到位。在仪式中，猪只能用来祭祀祖宗，不能用来敬神明。在孩子的起名仪式上，一只大山羊是必不可少的，需要请东巴和长辈看羊膀来推算孩子一生的运程。在丧葬仪式上，牛是最大的祭祀牲畜，一般情况下，儿女都要献上一头牛以祭奠亡灵、招待宾客。在敬自然神的时候，需要供奉鲜牛奶，最好是由自家母牛产的。油米人认为马可以通灵，是送死者去西天的坐骑，在丧葬仪式的最后一天，每一位子女都要带一匹马去送过世的父母。

木犁铁铧

　　油米人使用的器具，以铁、木、竹、石等为原材料，由匠人手工制作，适合山地农耕，富有地方特色。有耕翻平整土地的木犁铁铧、铁齿耙、木齿耙、尖锄，有中耕除草培土的薅锄、板锄，有灌溉小麦时通水用的麦耙耙，有收获时用的锯锯镰、磨镰和背箩，也有加工谷物用的石磨和磨面机，晾晒谷物的簸箕、粉碎干草的铡刀、专门搂松毛的耙耙等。

图 4-27 木犁和木齿耙 / 张艳艳摄

在播种之前，田地要细细地翻耕松土，才能保障一年的收成。犁田耕地使用的农具就是木犁铁铧。2 000多年前，西汉的农具图谱中便有关于木犁的记载，弯弯的木犁在油米村一直沿用至今。铁铧是用铁制作的三角形的犁头，安装在木犁上用于翻土。耕作时，木犁以牛牵引，可以分为单牛拉和双牛拉两种形式。在油米，驾牛扶犁的工作是男人的事情，熟练的农人可以一手扶犁、一手赶牛，独自一人犁田耕地。犁旱地比较轻松，犁水田是非常辛苦的，犁水田的那个季节随时会下雨，下雨的时候也不能停。以前用牛犁地，要有两个人跟着犁头打土饼子，再用耙子来耙地，经好几道工序之后才能播种。现在油米村的田地大部分是用旋耕机来犁的，只有在比较偏远的田地上木犁铁铧还在继续发挥作用。

图 4-28 薅锄（上）和其他铁制农具（下）/ 张艳艳摄

  油米村的锄头种类很多，最常见的是挖锄（摩梭语 ri pai）、板锄（摩梭语 per pai）和薅锄（摩梭语 ka pai）。挖锄有一个尖尖的头，适合用来开垦山区的生地。生地上多有石头，为了保留珍贵的泥土，需要用挖锄尖尖的头灵巧地避开石头，并从石头缝隙里抠泥巴出来，以改造土地。板锄可以刮泥巴、刮沙子和挖坑，地里种菜、小麦、蚕豆的时候都需要用板锄来挖坑播种。薅锄是玉米地的除草培土工具，有两个尖尖的头，中间有豁口。据村里的老人说，薅锄是加泽山区的农户才会使用的，周边的托甸和拉伯就没有这种锄头。在玉米地里除草培土的时候，薅锄的豁口可以把石头漏出去，只把最好的细细的泥土培到玉米根上。如果用一般的板锄，会把石头带起来打到玉米秆子上，损伤玉米苗。

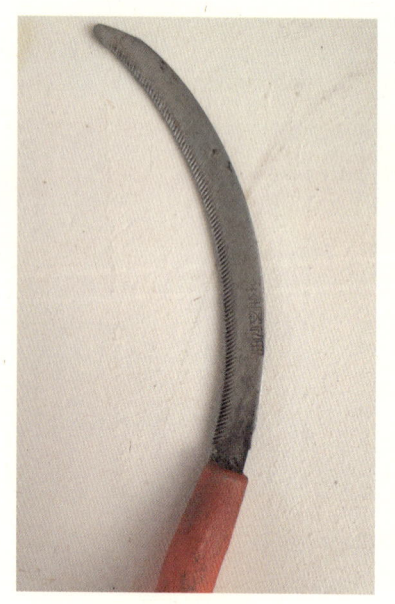

图 4-29 锯锯镰（左）和磨镰（右）/ 张艳艳摄

不论是上山还是下田，油米人都习惯随身带一把镰刀。割猪草、收庄稼、砍仪式用的树枝都离不开镰刀。油米村的镰刀有两种——锯锯镰和磨镰。锯锯镰，因镰刀上有很多的锯齿而得名，是油米人使用最多的一种镰刀，锯齿是铁匠用凿子一个个开出来的。锯锯镰有大有小，用途广泛，可以用来割小麦、水稻、饲草等。磨镰是比较光滑的镰刀，主要用来割玉米。以前的镰刀都是铁匠手工制作的，现在都是去市场上买回来了的。

背篓是山地村民生产生活中的必需品，油米村每家都有。油米人就地取材，用竹子编制背篓，配有两根肩带可背在背上，既能满足村民装运物品的需要，又方便油米人行走在崎岖狭窄的山路上。根据用途的不同，背篓大小、网眼粗细各不相同。背篓可以用来背肥料、玉米、稻谷、小麦、烟叶、蚕豆等。节日里转山祭河神、上街买东西、走亲戚送礼、去四川拜活佛，油米人都是用背篓来背东西的。

油米村还有很多小巧的传统农具，今天依然在使用。妇女们去山上背松毛的时候，松毛散落在松树下，就需要用松毛耙耙（摩梭语 sa gai）将其归拢起来，这种耙长度不过 40 厘米，用几根铁丝或电线绑在木杆子上做成耙子的形状就可以使用了。还有一种麦耙耙（摩梭语 ku rai），给小麦地灌水的时候，可能会遇上水流堵塞，但土壤松软，人不方便走到堵塞的地里疏通水渠，就需要用麦耙耙长距离操作来通水。麦耙耙由 3 米以上的细长松木做的杆子，加上一个栗木做的耙头（当地称把头）组成，专门用来给小麦地通水。给麦子脱粒的时候，油米人用一种叫作"gu ru gu mei"的工具——由一长一短的两根木棒组成，用锁拴在一起。油米人手握长的木棒抡起来，再用短木棒敲打麦子来脱粒。

图 4-30 松毛耙耙 / 张艳艳摄

图 4-31 通水用的麦耙耙 / 张艳艳摄

"工欲善其事，必先利其器。"这些农具就是农人开展山地农耕的利器，汇集了先人的智慧，在一代代油米人的手中传承。农具也在不断创新和改造，今天，耙子、石锥、石磨等很多传统农具已经被现代农具取代，旋耕机、磨面机、打草机这些现代机械进入油米，开启了油米人新时代的农耕生活。

从年代久远的狩猎采集生活到今天的农耕生活，油米人的智慧代代积累传承，又应时应地变化发展，造就了这套生生不息的山地农耕系统。山河田地、农林牧草，完备的水渠管理制度，四季轮转的耕作模式，多样的作物，牧饲结合的六畜养殖，适用山地的各色农具，无一不展示着这套系统的复杂多样。四季收获，满足了神灵、祖先和村民的共同需求；四时节庆，教化村民敬畏自然、感恩先辈；多元的生态和循环轮转的理念，为子子孙孙守护着这片山河田地。

文 / 张艳艳

第五章
饮食肴馔

初来乍到油米的客人，手里会接过三道茶酒：第一碗是微酸微苦的苏里玛，暖胃暖心，缓解水土不服；第二杯是盐茶，养胃解渴；最后来一碗白酒，这是油米人热情好客的表现，也象征着五谷丰登。油米村新年时，人们按礼仪规矩围坐在火塘边，人多时，便如汉族的围桌宴客，饭菜装成一碗一碗的，便于分享。更早的时候，油米人是不使用筷子等餐具的，用手抓起饭直接吃，抓起骨头直接啃。年节时，整个家族的亲戚还要一起上到土掌房的房顶，坐成一列列一排排，按长幼顺序，东巴居前，前面放上木板盛放食物，每人分一坨锥状的米团、一大块肥肉、一个瘦肉骨头、两节香肠。在开始享用美食前，老人们唱起古老的摩梭歌，表示一年过去，新的一年即将到来，落叶开花，太阳转头了。日暮时分，微光穿透山峦洒落在土掌房的房顶上，收获的玉米遍地铺满，大伙共同举起酒杯，啃起鲜香肥美的骨头，体味着"吃饭锅巴香，吃肉骨头香"，再高唱一曲。欢笑之中，他们仿佛回到了油米最初的模样。

东巴经书《粮食的来历》讲述了粮食对人的重要性，人不吃饭要

图 5-1 东巴经书《粮食的来历》/ 庄清莱摄

翻越一座山是不可能的，吃饱了饭才有精神。经书中记录，粮食的父亲是牛，粮食的母亲是水。粮食由人来种，把作物守护好、管理好，老鼠、牛、鸟等动物就不来吃了。沟壑里的地两个月灌溉一次，坡地上的地容易干，一个月灌溉一次。人们把其他地方的粮种带进来后就有可以吃的粮食了，水稻、大麦、高粱、小米、苦荞、小麦等作物都出现在东巴经书中。在东巴仪式中，使用的粮食、鸡、羊、猪等，都须先讲述其来历。

　　油米人善于将大自然的馈赠变成每日餐桌的美味，有着独具一格的饮食文化。昔日油米人住在江边或山上，不便携带锅具，便衍生出特殊的烹饪习惯——用粑粑包裹烧红的石头烘熟，配上盐渍风干的猪肉、鱼肉，方便随时补充热量以应对高强度的消耗。油米村的饮食纯粹，带有些原味的粗犷，猪膘、火腿与腊肉是最珍贵的，常用于敬祖祭天，亲友馈赠，在东巴文化中象征着认同、富饶和传承。奶奶、母亲、女儿，一代一代的妇女在火塘里炖煮着珍贵的猪肉，喂饱一家子，用简单的食材温暖着油米人的胃。

"分享与感恩，不忘在天上的祖祖辈辈。"油米人的第一口饭，必定要放在锅庄上敬祖，第一口酒，东巴以手指蘸取洒向天空，时时刻刻与祖先共饮共食，对油米人来说，祖先与神灵不只在天上，也在人间。从前的油米人万事不求人，"吃的自己种养，穿的自己纺织"，而今随着生活日渐富裕，他们的生活方式也发生着变化。宴客从屋顶移到屋内或庭院，餐桌菜肴从简单的肉与饭慢慢丰富起来，形成宴客的

图 5-2 油米人过年宴客的菜肴 / 秋笔摄

十二碗菜，鸡、猪、鱼、牛、羊，还有那碗刚磨好的豆腐花。他们在变动中保留传统，在适应中寻求创新。如今走出大山的油米人越来越多，外出务工求学的人也相继带回了外地的饮食口味和烹饪方式，蒸、煮、煎、炸，小米、玉米、大米、面条、米线，从自家制作到外出购买，油米与外界不断碰撞交融，但无论怎么变动，火塘里薪火依旧，油米人依旧要做猪膘、吃猪膘，这是一方水土的根之所在、心之所系。

猪膘肉

油米人家的梁柱或仓房上总会挂着一件件猪膘[18]，锅庄上也放着一圈圈猪膘，这是一家的温饱和信仰。猪膘肉是餐桌的要角，为终日奔波劳作的油米人提供热量，也是祭祀祖先和馈赠东巴、亲友的珍贵之物。外皮略显沧桑的猪膘肉其貌不扬，口感却十分香醇。在一整天辛勤的劳动后，油米人回到火塘边，拿出一圈猪膘，切一点放入锅中炖煮，经柴火加热后猪膘香气四溢，入口后咸香丰腴中带有几分经时间熏制的滋味。虽然失去了新鲜时的饱满和弹性的口感，但是封存了筋道与韧性，经得起反复咀嚼。

油米人非常珍视猪膘肉，因为它要求严苛的制作条件、适宜的制作时间以及传统的制作工艺，这些知识和技艺都为摩梭人所独有，是传家

---

18 此处指制作完成但未分割的全猪，参考《和实生物：纳西族饮食民俗类别及特征》，载《楚雄师范学院学报》第 31 卷第 4 期。

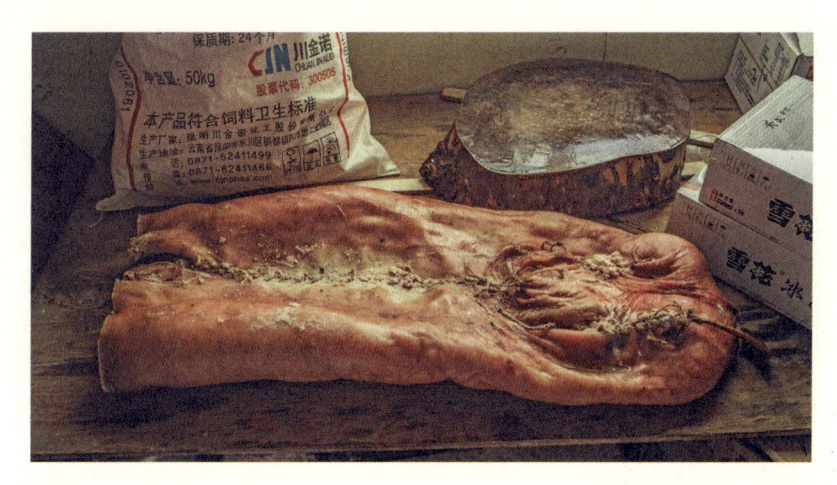

图 5-3 猪膘肉 / 秋笔摄

手艺,更是一种生活习惯。里的杀猪节是油米的重要节日,家家户户杀猪祭祖,不过石家、阿家和杨家杀猪各有不同的日子。摩梭女人不杀生,负责清洗猪肠、灌香肠,猪膘肉的制作便成了男人的重要任务。自家喂养的猪经过宰杀、剔骨肉、拌调料、缝合、压扁、放置晾晒等步骤,再经过长年累月的烟熏和氧化,油腻逐渐褪去,最终制成猪膘肉。做完猪膘肉,猪的四肢还要拿来做灌猪脚。先将猪腿内的骨头剔除,塞进瘦肉,再放进花椒、草果、八角、盐等佐料,将口子缝起来,挂在火塘边或通风干燥的棚子上,静置一个月后,就能闻到其醇厚的香味,这是摩梭人的传统手艺,过年过节时,灌猪脚是不可或缺的食物。剩下的瘦肉、排骨等做成腊肉、腊排骨、火腿,再灌些香肠。猪舌、猪心、猪头也都抹上香料后风干,猪肝做成猪肝酱——将生的猪肝撒上青椒、花椒、盐巴等香料后装罐,隔天就可以吃了。

图 5-4 油米人的节日仪式、人情往来离不开猪膘肉 / 秋笔摄

　　新年初一拜年时,女婿一定要带上一只猪脚给岳父岳母家。一圈猪膘肉、几根香肠和几块瘦肉,以及切成一盘的猪头肉,这些都是拜年走访必备的食物。女儿回娘家,也少不了这些东西,加上猪舌、猪心和猪耳朵,就成了贵重的礼物。样样具备的食物,代表着子孙后辈对老一辈的敬意与感恩。

　　"猪尽其用"是油米人处理珍贵猪肉的原则,将剩余的肠、肺等猪内脏加上姜、盐、辣椒、花椒调味炖煮做成"江边辣",配上一碗白米饭或牛头饭,油米人便甚是满足。在过去淘金的年代,许多人要下到江边淘金,这时油米人喜欢吃点"魔芋猪血",切一小片猪血,加上魔芋，或是在香肠里装点猪血，可以清肺。在油米村，一只猪的全身上下没有一丁点儿会被浪费，而无论在做什么之前，最好的那一圈猪膘、第一口饭、最香的猪肉，都一定要先敬给神灵，以感谢自然神与祖先对这片土地的守护与馈赠。

猪膘肉背后串起的是油米村的生活信仰，在日日皆仪式的生活里，一圈圈猪膘哺育了一代代子孙，是摩梭文化极重要的部分。"不管出去多远，到了杀猪这天，大家一定都会回家，油米村的杀猪节可是大于过年的。"杨宝荣边认真割猪肉边说。油米村的人情往来，过年走访亲戚、祭拜神灵、敬献祖先，离不开这传了数代的猪膘。每家请东巴做仪式时，东巴不收取酬劳，但出于对东巴的敬重与感谢，应

图 5-5 餐桌上的猪膘肉 / 秋笔摄

达（主家）通常会送上猪膘肉代表最大的敬意。家里有猪膘也象征着一家的财富，猪膘作为食物、交换品、祭品具有各种象征意涵，看似简单却是牵系各家、贯穿东巴仪式的重要媒介。

在没有冰箱的条件下，食用猪膘肉是摩梭人为了延长食物保存时间而发展出的饮食方式，体现了摩梭人独特的生产生活和仪式文化，跨过时间的长河，它也成为维系村落邻里紧密情谊的礼物，是油米人表达对祖先神灵信仰虔敬的祭品。杨多吉扎实家里挂着的一圈圈猪膘，有的是妹妹家来拜年给的，有的是做仪式的应达给的，有的是徒弟给师父拜年出于诚意送来的。这些猪膘不仅是食物，也代表着乡味、敬意、祝福。近些年在餐桌上，除了传统的猪膘肉，也会见到火腿、腊肉，老人与年轻人围坐火塘边，吃下一口咸香有嚼劲的猪膘，传统食物的制作手艺与饮食文化便在融合交替中继续传递。

牛头饭

油米人说的牛头饭（摩梭语 lin ya），其实就是玉米饭。其名字的得来有人说是因为一坨坨的像牛头，有人说这是来自汉族的方言。在油米村，今天的餐桌上偶尔还能看见一大锅牛头饭，多半是老人喜欢吃。"牛头饭很好吃，香香的，配上猪肉，可以吃好几碗，不像大米，时间久了就没有粮食的味道。"杨多吉扎实说道。一坨坨从锅里端出来蒸煮好的牛头饭，是许多油米人记忆中的主食。

东巴经书上是没有记载玉米的，玉米于明末清初从南美洲传入中国，慢慢地也传到了无量河畔这方水土。过去油米以稻谷、苋米、小米、小麦、高粱、苦荞为主食，后来食谱里才有了玉米。

将晒干的玉米磨成粉，筛去皮子，在铁锅或吊锅（当地汉族家里没有架着铁三脚的火塘，而是将锅子直接吊起来）里先煮上稍粗点的颗粒，待慢慢煮开后，加入细细的玉米面。用桑木做的棒子慢慢地搅拌，煨火蒸煮，如此搅拌多次，玉米面才能出锅，出锅后放在火塘边上，让余温继续保暖着。杨多吉扎实忆起母亲，看似简单的玉米经过母亲之手，能变化出多种不同的样式：牛头饭、蒸子饭、窝窝头；或是将玉米泡在水里并重新推磨，加点小苏打粉蒸出来像蛋糕一样绵绵密密；或是做成稀饭，加点红糖；也可以在煮出来的红糖稀饭里加上过滤出来的奶渣，酸酸甜甜的滋味，还能治拉肚子。在物质稀缺的年代，食材虽然单一，勤劳的妈妈们却总能有千变万化的巧思，给孩子们熬煮一锅锅的饭食，在孩子们的回忆中，这些饭食香甜而温暖。

过去是用土制的砂锅来熬煮玉米，如今变为小铁锅，形式至今也还在变化。用来搅拌牛头饭的桑木棒具有弹性，过去打猎也用桑木做弓。杨多吉扎实回忆："小的时候去加泽完小读书，我们是自己背锅带着玉米面去学校煮，一天也吃不上一顿米饭。"虽然今天油米人的饮食已逐渐变为一日三餐皆大米，老一辈的人却依旧喜欢这香甜温润的牛头饭，年青一代也依旧记得这道传统食物。熬煮牛头饭需要更多的时间与耐心，人们偶尔还是会煮上一锅，这是油米人家熟悉的味道，

图 5-6 牛头饭 / 秋笔摄

就像一种信念,是难以撼动的生活习惯,牛头饭黏稠中带点颗粒感,其简单的香气与口味,就代表着村落生活的幸福。

苏里玛

当你来到一户油米人家,手中会接过"三件套"——一碗苏里玛、一杯盐茶、一碗白酒,这是油米人诚挚的待客之道。苏里玛(摩梭语 ri ji)是一种黄酒,既是摩梭人的特色饮料,也是家家户户待客与仪式中必备的饮品。苏里玛清香爽口,带点酸苦味,类似啤酒,酒精浓度较低,色泽透黄。制作一坛好喝的苏里玛并不容易,每一场仪式,每一顿家宴,一定都要献上一碗苏里玛。东巴经书《粮食的来历》中也记载了种麦、发酵、酿酒过程。

将大麦、小麦、荞麦、玉米、高粱、红米等洗净晾晒后,入锅炒至带点锅巴香味的金黄色泽,加入纯水煮干,加点高山上采来的龙胆草、黄芩、苦茵草(苦寒草)与药用酒曲,一并装在坛子里等待发酵,静置两三个月即可,若放上一年就更加美味。谷物炒的熟度、发酵温度、酒

图 5-7 油米待客的白酒 / 秋笔摄

曲、中草药，都是酿好一坛苏里玛的关键。加的一味龙胆草，其味虽苦，却是治愈水土不服的良药，还能益肝补肝。药食同源，反映人们对待自然的文化观念，油米人对植物的利用体现其丰富的知识积淀。除苏里玛外，油米人也会上山采集草药如甘松香、麻药等来做成药酒，配13种药草泡上两个月，有养肝护肝和健胃的功效。油米人彼此不藏私，互相分享祖传的配方和采草药的知识。

图 5-8 泡制苏里玛 / 庄淯棻摄

图 5-9 龙胆草 / 庄淯棻摄

"远方的客人来我们油米有的会对水土不适应,如果拉肚子的话,喝点苏里玛就能适应我们的水土了。"石永婷从小看着母亲酿苏里玛,长大后也能酿出一坛坛的琼浆。每家酿制的苏里玛味道皆不同,各家都有属于自己的独特口味,每逢过年过节,就要一坛坛地准备。近来村里也开始出现啤酒、果汁等饮料,有的年轻人喜好啤酒,老一辈也喜欢喝点药酒,但在节日来临时,一杯杯琥珀色的苏里玛依旧必不可少。

原味之食

油米人信仰自然,与山河共生,一日三餐,虽简朴却顿顿有讲究。油米人也信仰生活,敬祖、敬神一日三次不曾懈怠,早上起来念一次经,敬茶、敬饭,中午、晚上亦然。晨起忙碌,通常制作的都是又快又方便的食物,简单的糌粑,或是来碗玉米粥、牛头饭,时间充裕的话再来点菜汤、油炸粑粑。若是恰逢节日仪式,来一碗直舂好的辣子汤——将葱、姜、蒜、盐、黄果皮、花椒、碎肉、辣椒直舂成汤。过年早餐一定要来一碗辣子汤配上糌粑,对常喝酒的人来说这是最好的补品。辣子汤是石农布侠武喜欢的食物,他偏爱用凉水来舂,锁住鲜甜的美味。清晨,油米人也喜好喝杯茶,打一壶酥油茶和盐茶,加了盐的茶不会伤到胃。到了中午得去到山上或地里,带点干粮、烧石头的粑粑、干鱼,条件好点的人家带块猪肉,在地里就能直接吃了。晚上也是简简单单,蒸一盘猪膘肉,来一点干菜,一碗菜汤,就很满足。过去村里很晚才吃晚饭,约莫子时,辛勤忙上一整天后才有时间坐在火塘边上好好吃一顿饭,在睡梦中被叫醒来吃饭,是很多油米人的儿时回忆。

烧石头的粑粑

过去，油米人经常要下到无量河边，或者走几天的路到周边的山上去做活。在条件稍差的年代里，家里并不是经常有猪肉、大米。在河边，为了快速解决一日的温饱，油米人就地取材，捡来圆圆的石头在火堆中烧热，用白白的面团包裹住炙热的石头，用导热的方式将面团烤熟，称之为"烧石头的粑粑"，这种制作方式简单而快速。再带个茶罐、口缸，去江边钓两条小鱼，撒点盐巴烤来吃，简简单单的味道，满足一天所需。今天，烧石头的粑粑已鲜少出现在油米人生活中，当老人们说起，口中慢慢出现淡淡甜甜的麦香，仿佛回到了过去与土地紧紧相依的时光。生活在乡野间，农人的智慧带来了食物的丰足，也体现了油米人在既有环境下的适地性。粑粑也是摩梭人和纳西族的主食之一，大米饭、粑粑、牛头饭在餐桌上轮替出现。在阿公塔东巴修新房午后休息时，他就会拿出刚蒸好的粑粑，配一杯热茶，看着即将修好的房子，肚子饱了，心里头也踏实了。

臭鱼

过去无量河里有丰富的鱼群，轻松就能抓到大鱼，人们在捕捞时，只捕捞大小适中的鱼，将小鱼留在江河里。石农布说："过去我们有渔网，我爸就很会抓鱼，他们在网下面拴个石头，把它甩出去，两个人再合力把鱼给网起来。过去哪里位置好有大鱼，他们都知道。以前的网是有标准的，留住大鱼，小鱼放掉。"

油米人将捕来的鱼割除头部，内脏取出，表面抹上盐、花椒等香料，放在火塘边或放置于火塘木架上，约两天就能熏干。制成的熏鱼对肠胃相当好,据说是当地的肠胃良药。过去,盐巴需通过买卖交易而来,在盐稀缺时,会在鱼的表面擦上火塘的灰,也能防止生蛆,由于火塘灰有种臭味,故称这种鱼为"臭鱼"。吃臭鱼的时候可油炸或煮,蘸点辣子、花椒吃,味道极香。过去油米人也会带臭鱼干外出赶路,方便携带保存,还有人拿来贩卖。油米人就喜欢臭鱼的臭,臭臭的才是真滋味。

推豆腐

太阳下山后,油米的夜空繁星熠熠,一片寂静,空气中能闻到一股黄豆的清香。房顶冒出缕缕炊烟,石巴米将前晚打好的豆渣缓缓倒入竹筐,用一块白麻布过滤,将豆浆倒入大锅中熬煮,煮好后倒入一小碗石膏点豆腐,细火慢煨,豆腐花慢慢在锅中成形。过去是人工推磨,自从有了机器打磨后,老人家磨豆腐也方便了。油米村的豆腐类似豆腐花,不光泽平滑却朴实清甜,配点豆清汤,也可加点辣子,做菜做汤,或荤或素,简朴的豆腐吃出百种口味,酸甜苦辣总相宜。每当远行的家人归来或有客人来家里,杨文国和妻子阿甲阿玛总会用心地煮一大锅豆腐,文火慢烧,滚烫的豆浆咕噜作响,开锅后豆香扑鼻而来。大灶柴火烧出的豆腐,带着来自土地的旷野风味,一口豆腐汤,就能将人们带回过去的油米。在现在的宴席上,豆腐也是必备的一道菜,有粉丝炖豆腐、蕨菜煮豆腐等。

游牧的摩梭人,在定居形成聚落生活后,又经历了社会体制和现代化的变革,饮食习惯也随之改变。油米人种菜的历史不长,20世纪70年代才开始学种菜,以前是上山去找野菜,或是跟汉族人交换,

图 5-10 朴素的柴火豆腐，就是油米的乡味 / 庄淯棻摄

现在会办菜园子了，种有生菜、萝卜、芫根（蔓菁）等，品种丰富。芫根是过去重要的蔬菜，油米人说，"穿的麻布，吃的芫根"，芫根做成酸菜相当好吃，可以晒干吃，也可以炖肉吃。随着油米人慢慢走出大山，再回望过去，现代与传统的生活方式开始发生碰撞，一方乡土的印记，是香香的牛头饭和醇香的苏里玛在舌尖打转，也是火塘拢聚的一团烟火气，镌刻于心。

文 / 庄淯棻

第六章
巧匠织娘

　　油米的巧匠织娘，平日里也同其他村民一样，下地耕田，外出打工，男性或做东巴、侠武。不过由于生产生活或东巴仪式的需要，他们练就了精湛的本领，或砌石建屋，或铸铁为器，或编制筐篓，或鞣制皮革，或劁猪骟马，或织布做衣，成了油米村的能工巧匠。

　　石匠用手锤和凿子，把石块垒砌成稳固的石墙以支撑木掌房，这样的房屋冬暖夏凉，使人们得以安居。铁匠利用火与锤，将铁块锻造成适合山地农耕的锄头和镰刀、东巴的五幅冠、石匠的凿子和皮匠的铲刀。篾匠用两只巧手、一把篾刀，在中秋之后伐竹劈篾，编成油米人离不开的背篓、簸箕、提篮、筷笼等竹器，而东巴仪式所需的竹器都是东巴用巧手自己编制的。炎热的夏天是皮匠变废为宝的季节，从狩猎得到的麂子皮、獐子皮，到宰杀牲畜得到的牛皮、羊皮，这些皮子经皮匠的手，变成垫子、枕头、皮包、皮衣等。兽医为养殖禽畜保驾护航，既能防疫治病，又能劁猪骟马。编织是妇女的专长，养蚕、剥茧、抽丝、种棉麻、纺线、织布，做传统的摩梭服饰，花上一两年的时间精心编制孩子成丁礼时的腰带，寄托浓浓的祝福。当花甲老人拿出母亲织就的成丁礼腰带时，那种感动是无以言表的。

随着社会经济的发展，油米村的生产生活在悄然改变，巧匠织娘们的技艺在变化中传承。这里的铁匠已经有 10 余年不再打铁，油米人要去更远的镇上才能买到手作的锄具；每户新房的顶天柱上竹编的保护笼必不可少，篾匠依然勤恳地为人们服务；油米穿戴传统服饰的人逐渐变少，但每逢节日必然盛装庆祝，孩子们的成丁礼仍在继续，编织的技艺依然在母女之间传承延续。油米人依靠当地物产资源，动心思、用巧手满足生产生活和礼俗仪式所需，其匠心不变。

石匠

油米村坐落在加泽大山上，石头在生产生活中用途广泛。石匠可以凿石头、砌石墙、做石磨和石锥等。石匠的工具就是铁头木把的手锤和铁制的凿子。

油米村最常见的土掌房以土块、木头、石头为主要建材，以三面石墙作为支撑墙，房内以木柱支撑。修建土掌房，打好地基之后就要砌石墙了。石墙分内外两面，即内墙和外墙，需要两名石匠分别来砌。内墙是直的，其靠着的木柱也是直立的。砌外墙的时候有两点必须注意：一是外墙是要挡雨的，要用好点的石头；二是外墙要有斜度，1 米高要错开 3 厘米。内墙和外墙中间放的是碎石。砌墙时，石匠需要用石锤敲打石块使之平整。

图 6-1 砌石墙 / 秋笔摄

  石墙的厚度不是固定的,具体要根据房子的高度而定,房子高,墙就要厚一些。以前的房子为 6~7 尺[19] 高,现在随着经济条件变好,新砌的房子一般有 8~9 尺高。一般的土掌房,石墙的底座约为 2 尺宽。一栋房子的三面石墙,大约需要两名石匠各投入 50 个工日才能完成。直、平、稳固是衡量石墙质量的标准。石墙好,房子就结实,可以用百年以上。石墙砌好后,房内木柱依墙而立,顶起屋舍结构,顶部覆盖木条和土,最后在房顶放一圈挡雨的石板。石板是大块的薄石片,

---

19 1 尺 ≈0.333 米。——编者注

以前直接在加泽大山上开采,现在都要去几十公里外拉伯那边的山上才能找到。

油米村的石匠阿嘎土(1975年生人)是自学成才的,他家里弟兄多,要盖的房子也多,请不到人,他就不得不做了石匠:"大哥阿松吉的房子是我自己砌的第一栋房子,那年(我)25岁,到现在有

图6-2 石匠阿嘎土/张艳艳摄

20年了。我家修了四栋房子，妹妹家一栋，我全部参与了。"除了在油米村建房，他还去树枝村建房，2019年给杨松次盖的一栋土掌房，断断续续干了两个多月，其中10天是帮工和还工，不算工钱，其他工日算起来一共给了他7 000元。阿嘎土说："在村里盖房子，工价肯定少一些，人家给得起多少就给多少，我从来不讲价的。从做石匠到现在，我参与砌的房子有十多栋了。开始砌墙的时候，是看自己眼力做。后来出去在工地里打工，看到别人砌墙用到水平尺，这样就能砌得更加平整一些。所以我自己买了水平尺，近几年砌墙就更好一些了。"

阿嘎土刚开始做石匠那会儿，村里每年盖房子的人家不多，只有三四个石匠，大多是四五十岁的人。后来人口增加较多，需要盖更多房子，石匠也慢慢多起来，现在村里有十几个石匠，除了砌房子和做农活，也会外出打工。外出打工的时候，石匠们做得最多的工种是砌公路的挡墙。砌挡墙是技术工，工价会比一般的小工高，每天有200元左右。做石匠是很辛苦的活计，一般到50多岁就干不了了，有些家里比较富裕的石匠，会改行去做些轻巧的活儿。

铁匠

油米村地处偏僻，在以前交通不便的时候，生活和生产中需要铁器，就需要铁匠来打造。以铁为原料，铁匠靠一把小小的铁锤打造出各式各样的生产工具和生活用品。无论是生产用的镰刀锄头、生活用的锅铲刀具，还是祭祀用的五幅冠，铁匠通过巧手都可以制作。在打铁的时候，铁匠手持小锤，另外还需要一个帮手来拉风箱烧火炉和打大锤，打铁用的燃料是自己烧的木炭。

日常生产生活中用到的铁具，比如马掌、杀猪刀、砍柴刀、锅铲、火塘中的三脚、皮匠揉皮子的铲刀（又称川刀），木匠用的凿子、锛子、刨刀和小斧头等，都可以请铁匠来制作。铁匠打得最多的是农具，包括锯锯镰、斧头、挖锄、薅锄、尖锄，熟练的铁匠一天可以打4把锯锯镰，市场上没有卖薅锄的，只能由铁匠纯手工打制。从2009年石次尔铁匠不打铁之后，油米人需要薅锄就要拿着模子去永宁乡那边找铁匠来打。

图 6-3 铁匠石次尔 / 秋笔摄

石次尔（1951年生人）是油米村里最后一位铁匠，他从1975年开始打铁，到2009年最后一次打铁，共做了34年。在石次尔做铁匠之前，杨本玛次尔东巴是村里的铁匠，他1973年去世后，村里就没有人打铁了，那时是合作社时期，村干部也安排了其他人打铁，但都没做下来。到1975年，村里喊石次尔尝试打铁，他就一直做了34年。石次尔说："我打铁的技术是没有师父来教的，就是边打边练。听说哪个人打得好，就去观察和学习一下，就慢慢会打起来了。在合作社的时候，打铁是评工分的。包干到户之后，别人找我打铁，就

图6-4 手工打造的锯锯镰／张艳艳摄

是调工、换工，也有人付一点钱。全村的人都找我打过镰刀，树枝村、次瓦村、库土村、泽地村的人都请我来打，都说我的锯锯镰打得好、快（锋利）。"

铁匠制作得最细致的铁器，非东巴做仪式时戴的五幅冠莫属了。在石次尔的记忆中，他总共打过五个五幅冠，还修补过三四个。第一个五幅冠是给阿泽里东巴的父亲阿哈巴次东巴打的，是比照着杨英之塔东巴的五幅冠来打的。第二个是给杨玛佐东巴的，第三个是给阿公塔东巴的，另外两个是给树枝村的石勇文东巴和哈巴若东巴的。石次尔说，他打的五幅冠中，就阿公塔和石勇文的比较好，这两个是后面打的，比较熟练了。

油米人的房子里，必须有个铁三脚才像一个家。对摩梭人来说，

图 6-5 五幅冠 / 丁振东摄

图 6-6 铁三脚 / 秋笔摄

铁三脚和铁锅是人世间的一件宝。关于这个说法,还有一个传说。传说玉皇大帝叫小女儿去找她的男人,但小女儿不愿意,小女儿说:"金银财宝、刀枪棍棒、牲畜粮食,都在我手中,不用找他了。"玉皇大帝说:"你的这些都不是宝,金银财宝是河边的沙子,牛马牲畜是骨头和皮子,粮食就是草草花花。人世间有三件宝:一是夫妻,早晨相斗,下午和好,下午相斗,早上和好;二是儿女,早上出去了,晚上又回来;三是铁三脚和铁锅,今天在,明天在,一直都在。"在油米人家,铁三脚有些是祖传的,有些是请别人家打的。石次尔说他只打过五个铁三脚,落科村的方铁匠打铁三脚打得最好。

篾匠

　　油米村周围的山林里和家户周边有很多毛竹，人们的日常用具很多是用毛竹加工而成的，如提篮、撮箕、箩筐、背篓、筛子、簸箕等。虽然现在很多竹制品已经被塑料品替代，但因取材方便、成本低廉、经久耐用，竹器在油米人的生产和生活中仍是不可缺少的。编制竹器

图 6-7 篾匠泽里甲初和他的作品 / 张艳艳摄

的工艺主要是由篾匠掌握的。"篾"指劈成条的竹片，篾匠的工作就是用篾刀把一根根完整的竹子劈成篾，然后编制成竹器，篾刀是篾匠的必备工具。竹器编制过程烦琐：选竹、砍竹、劈竹篾、做底、做壁、扎架、绕边、锁口等，要经过10余道工序。

选竹子一定要选择两年以上的竹子才行，低于两年的竹子太脆，容易断，三年以上的竹子外皮是黄色的，越老的竹子越好、越柔韧。砍竹子的时间必须在中秋节之后，中秋节之前的竹子太嫩，编制的竹器不结实。竹子砍完之后，就被劈成篾，可以劈出三层：外层和中层是可以用的，内层是不能用的。编制不同的竹器，篾条的薄厚、宽窄都不一样，尺寸由篾匠来掌控。

油米村每家房子里都有一根顶天柱，上面要编一个保护笼，摩梭语称为"ko me ka"，用来挂锅铲、水勺、筷子笼等生活用品。保护笼有5层，分别代表金、木、水、火、土，斜的竹条有16根。编一个保护笼需要两根竹子，砍竹子、劈篾和编制总共需一天时间。竹篾的宽窄和保护笼的大小没有规定的尺寸，要根据柱子的粗细来确定。保护笼编好之后可以一直用，不会坏。

背篓是油米人家最常用的竹器，每家都有三四个甚至更多。编制背篓比较简单，用两三根竹子，半天的时间就可以编完。根据用途不同，大小样式也不同。背松毛的背篓比较大，因为松毛体积大、重量轻，大的筐可以多装一些。背烟叶的背篓网眼大，可以有良好的通风。背肥料和玉米的背篓相对小一些，因为肥料和玉米是比较重的。

大簸箕是圆形的，最大的直径在 2 米左右，可以用来晒粮食、南瓜子等，每家必备。编大簸箕的技术要求高，只有专业的篾匠才会编制。大簸箕分两层：里层薄薄的，软且平整密实，不能有网眼漏洞；外层是支撑架，比较硬。编制里层，要选 4 根笔直的头脚一样粗的竹子，如果竹子有弯曲，里层就会漏缝。竹篾要劈得很薄，使用外层篾和中层篾交叉编制，可以形成折线形花纹，好看且节省竹子。编

图 6-8 用大簸箕晒麦子 / 丁振东摄

里层的时候是先编制成一个正方形，待做好外面圆形的架子，合在一起，再去掉里层多余的边。大簸箕的外层支撑架要做成圆形，对所用的竹子没有严格要求。这样的大簸箕，一个篾匠三天的时间可以编两个。

如果竹器坏了，能补则补，以前都是用竹子来修补竹器，现在多用铁丝来修补，比较方便快捷。实在不能补的，就只能用来做燃料，物尽其用。

近年来油米村家家户户顶天柱上的保护笼都是（杨）泽里甲初编的。泽里甲初是一位年轻的篾匠，1984年出生，13岁时父亲去世，小学毕业后一直在家里做农活，慢慢开始编竹子。他最开始编的是比较简单的背篓和撮箕，不会编的地方就请教别人，基本上村里的人他都请教过。编大簸箕的手艺是最难的，他是跟大哥杨多吉扎实学的，现在大簸箕很少有人会编。2019年他给自家编了两个，可以用十几年。现在泽里甲初可以编制大部分的竹器，包括背篓、大簸箕、撮箕、筷子笼等。上一辈的篾匠会做更精致的竹编器具，比如祭桌上的一些香笼，但因为太费工，现在基本都不编了。

编顶天柱上的保护笼是泽里甲初最满意的篾匠手艺了。22岁时，他比照着老房子拆下来的保护笼，给自家新盖的房子编，这是他第一次编保护笼。后来村里只要有人家盖了新房子，都会请他去编，他编保护笼的技术逐渐得到了全村人的认可，树枝村、次瓦村和落科村也有人请他去编保护笼。泽里甲初心灵手巧，除了做篾匠，2019年还去宁蒗县城参加了政府举办的培训班学习电焊。学成归来后,他现在可以做比较实用的农具和家具,一般的门、窗、锄头都可以做。这位年轻的篾匠掌握了多种技艺来维持生计,也在村子里传承着竹编手艺。

图 6-10 老人们以前编的精致竹器 / 张艳艳摄

皮匠

油米村每年都会杀牛、羊用于祭祀和食用,以前还会去山林狩猎,打獐子、麂子等动物。这些动物的皮毛如果未经加工,会被虫子吃掉,经皮匠加工后,就可以长久地使用。

油米村的皮匠还是用传统的方法来鞣制皮毛。一年之中,只有夏天的三个月(农历六月至八月)可以制皮子。因为夏天天气热,皮子可以泡发,其他季节温度不够。鞣制皮子的工序分四步:第一步,将皮子放到水池里泡三天三夜,其间换水三次;第二步是授皮子,这是一个皮匠最基本且最重要的功夫,即用铲刀将皮毛内层的残肉和污垢刨掉;第三步是将授好的皮子放在太阳底下晾晒至水分完全蒸发,然后抹一层猪油在皮子内层,一张黄牛皮大约需要一斤猪油;最后一步是晒皮子和鞣制,白天将抹了猪油的皮子装入密封的口袋,放在阳光下晒得发起来,晚上就把皮子卷起来在大石头上用力摔打,或者使劲拉扯,使之柔软。以前没有密封口袋时,皮匠就在羊圈里放上蒿草,将皮子放到蒿草里闷着发起来。鞣制一张黄牛皮需要花费皮匠三个工日。

图 6-11 手摇鼓 / 丁振东 摄

图 6-12 牛皮大鼓 / 张艳艳摄

　　鞣制好的皮子用途很多：羊皮可以做皮衣，还有妇女肩膀上披的羊皮披肩，柔软耐穿，可以穿 20 多年；用整张羊皮可以做渡江革囊。用牛皮可以做火塘边的坐垫或者马背上的隔垫；牛皮绳子可以用来背松毛、柴火，不勒肩膀。用马鹿和獐子皮做的枕头有麝香的味道，人们做骡马生意宿在野外的时候，可以用它避蛇。小块的皮子可以拼接缝制皮包，非常结实耐用。另外，东巴做仪式要用到的大鼓、手摇鼓

图 6-13 皮匠杨嘎汝正在缝制皮子 / 秋笔摄

也是皮匠制作的。

在所有的皮制品中，东巴用的牛皮大鼓应该是工艺最考究的。宰牛的时候就要注意保持皮子的完整，皮子内层揉好后，外层的毛需要用手一点点拔掉，不能使用铲刀去毛。待皮子处理好后，匠人把皮子箍在木头上缝制成牛皮大鼓。缝制大鼓的日子需要请东巴测算，根据东巴的说法,每个月只有两天属龙,只有在属龙的日子才可以缝制,这样大鼓发出的声音才能传上云霄。

现在村里的皮匠不多了,2019年在村里走访时,杨嘎汝(1969—2024年)是为数不多的皮匠。他家里火塘边和椅子上的垫子都是他自己揉的牛皮垫,他做皮子的手艺是父亲杨哈巴佐传下来的。杨嘎汝从32岁开始做皮匠,到现在有20多年了。他说:"这门手艺不好学,我学了好几年才会。现在牦牛、牦羊、山羊、山驴、马鹿、狗、獐子等皮子都会揉。我孙子出生的那年,儿媳妇去世,我只能在家一边照顾孙子一边讨生活。那一年我揉了40多张皮子,别人也是可怜我,揉一张皮子给我200元。"

"皮匠吃酒,皮子吃油。皮子晒完后就有臭味了,揉好后的皮子要抹猪油,皮匠这个时候就要喝一点酒。我有三个儿子,儿子长大了,怕羞,说做这个家里就臭烘烘的,就不让我帮别人做了。这个臭皮匠是传不下去了。"杨嘎汝列数他满意的作品,和杨多吉扎实一起给杨玛佐做的牛皮大鼓是其中一个,那是用一张母黄牛的皮子做的,杨嘎汝处理好皮子,杨多吉扎实缝制大鼓。他还给杨文国家揉了山驴皮子坐垫,到现在还是闪亮亮的。

兽医

油米村家家户户都养殖牲畜家禽,需要兽医来保驾护航。油米村的石永强（1962年生人）是加泽村委会15个村民小组唯一的社区防疫员（兽医），他从1985年开始做兽医，到现在（2020年）有35年了。上一任兽医石玉吓是石永强的叔叔，石玉吓辞职回村做东巴之后，便由石永强接替了村里的兽医工作。

兽医的常规工作主要是防疫、治病、劁猪骟马等。为了保证农村畜禽养殖过程中不发生大面积的疫病，需由社区防疫员对畜禽的主要疾病进行诊治与防控。宁蒗地区的防疫主要在春秋两季，为牛、羊、猪三种牲畜打预防针。在当地，骡马和鸡是不做防疫的。加泽村15个村民小组都由石永强负责，总共要防疫1 000多头牛、3 000多只羊和4 000多头猪。油米村也是其中的一个小组，村里的110多头牛、200多只羊和400头猪都归石永强防疫。

村里的牲畜防疫以预防为主，治病为辅。以前在加泽地区，汉族人家做防疫是比较认真的，像油米这样的民族村就比较落后，不太接受防疫。现在随着经济发展，牲畜价值越来越高，一头肥猪太贵了，就是一只鸡也不舍得让它死掉，人们对防疫和牲畜治病也越来越重视。从前油米村属于加泽乡，后来改为加泽行政村，现在称加泽村委会，所以石永强自称"三代政府的防疫员"。刚开始做兽医时，叔叔会给他指点一下，后来他去宁蒗县、丽江市和昆明市参加过专业兽医培训，技术日益精进。在日常工作中，石永强做得最多、最熟练的是劁猪。社区防疫员不是国家干部，只领取少量的补助。1985年石永强刚刚做防疫工作的时候一年补助是420元，到2019年一年补助是2 800元。在这之外，就要自力更生、自负盈亏，靠技术挣钱过生活。

他现在在 15 个村小组里劁猪骟马、给牲畜看病，一年的收入有 2 万多元。

石永强说："做兽医还是太艰苦了！爬猪圈、钻牛棚的，又脏又臭，很多人做一两年就不干了。2010 年加泽大山才刚刚通车，之前的 25 年，都是人背马驮带着疫苗去串村看病的。通车后，我就开始学摩托车了。以前还没有电话，人们找我太难了。家里牲畜生疾病，就要翻山越岭地挨个村去找我。自从有了电话就方便多了，打个电话都能找到我。兽医是我叔叔寄托给我的志业，我就要认认真真地干，再难也要坚持，就坚持到今天了，我就是做一行爱一行。有苦也有回报，经济上的报酬也是有的，老百姓对我也是尊重的。"

织娘

要是节庆期间走进油米，见到妇女和成丁的孩子，你就能看见摩梭织娘的纺织手艺了。彩色披肩、背包、布鞋都是妇女手工制作的，最少不了的就是围在腰间的那根带子。油米村的传统服饰款式及装饰风格介于纳西族与藏族之间，现在只有年长的妇女日常还穿着传统服饰，年轻人仅在参加节庆、祭祀等活动的时候按照传统风格装扮。

在过去男耕女织的年代，家里人的穿戴都出自妇女之手，每位妇女都是灵巧的织娘。后来经济慢慢好起来，人们开始从外面买布来缝

图 6-14 纺线 / 丁振东摄

衣服,孩子成丁礼的礼服也是买来的了,现在大多日常穿的衣服都是买来的。不过村内年长的妇女和少数年轻妇女,依然能够用蚕丝、羊毛、棉、麻等材质纺线织布,做腰带、布鞋、鞋垫等具有当地特色的日常服饰用品。

织娘使用的材料都是当地产的。油米村以前除了山上有麻,房前屋后还种桑,家家都养蚕。油米人把蚕称作蚕姑娘。俗语说,懒喂猪,勤喂蚕。蚕不停地吃,日夜各喂6次,一天共喂12次。蚕姑娘结出的白色蚕茧就是最精细的纺织原料了。油米人还养羊、种棉花和麻,勤劳手巧的织娘利用当地物产，在贫困的年代，使家人可以有衣御寒，满足最基本的生活需求。

纺线织布是制作一切服饰的前奏。从精细的蚕丝线到粗犷的麻、棉和羊毛线，大多是妇女用纺锤织就的。纺织麻线是过去妇女必备的技艺，杨多吉扎实在成丁礼上穿的麻布衫子就是妈妈的手艺，他回忆："小时候我们这里允许种麻。我妈妈是一个特别勤劳的人，我成丁的时候穿的衣服就是妈妈自己织麻布做的一套衣服，长衫子一件，裤子一条。我弟弟成丁时还是穿长衫子的，后来村里就没有织麻布了。分田到户后，（20世纪）90年代我家还种了一大片麻，种得很好。收了麻秆，泡了、撕了，请妈妈做成线。现在妈妈做的麻线还有一小坨，这是我妈妈最后的手艺了。以前仪式的时候，用的线一定是麻线，不用外面买来的线。现在仪式上都用买的棉线了。"现在油米村不再种麻，纺麻线的场景已经很久

图6-15 杨多吉扎实东巴家仅存的麻线 / 张艳艳摄

不见了。

如今村里的织娘还会纺羊毛线、棉线和蚕丝，她们把羊毛、棉花等从一只手里缓缓放出，另一只手不断捻动纺锤，蓬松的原料就慢慢变成了均匀的线。根据用途不同，织娘会把控线的粗细，比如编羊毛毯的线就比较粗，而织羊毛背包的线就很细。纺线的技术是母女相传

图 6-16 油米织娘与她设计编织的腰带 / 秋笔摄

的，现在村里只有老人和少数的年轻妇女掌握了。油米妇女织布用的是一套简单的木质工具，是男人们用山上的木头为妇女制作的。妇女织布的时候，将一头拴在一个固定的支点，另外一头绑在腰间，操作比较方便。平时不用的时候，工具就和线布缠在一起收纳进袋子里。

在成丁礼上，腰带（摩梭语 ji gei）是必不可少的配饰。为了孩子的成丁礼，妈妈或奶奶会提前几年就筹划，或养蚕抽丝，或购买彩线，慢慢编织。蚕丝腰带在编织后才染色，一般染成红色。彩色棉线编织的腰带，中间是单色编制，两端会配以花纹装饰，每根腰带的图案都是不同的。是长辈浓浓的祝福。男女结婚的时候，女方也会送给男方一根腰带。

在女孩子成丁礼上，除了腰带，有时还会有一个披肩（摩梭语 ji rua）。披肩用彩色棉线和白色的羊毛线编织而成，它可以斜挎在肩膀上当披肩，也可以当作帽子戴，或者翻过来装随身小物。这种织披肩的手艺消失了很多年，是石瑛又把它恢复起来，现在村里的妇女都跟着石瑛学会了制作披肩。手巧的妇女还会请东巴写好东巴文字，比照着在披肩上绣出来。

日常生活中使用的彩色背包、鞋子、鞋垫也是织娘们手工制作的。背包有斜背样式和双肩背样式的，有大有小，图案设计各不相同，都由织娘完成，男女都喜欢用。鞋子则一般用旧衣服制作，妇女们把旧衣裁剪成小片，用魔芋汁液一层层地粘在木板上，共 6 层左右，然后缝纳在一起，做成鞋子的布片，上面再绣上色彩鲜艳的花纹图案。鞋垫也多用旧衣制作，外层多用白色，缝纳之后画上花样，配色刺绣，鲜艳精美，寄托着人们对生活的热爱。

文 / 张艳艳

下篇

仪式浸润的村庄

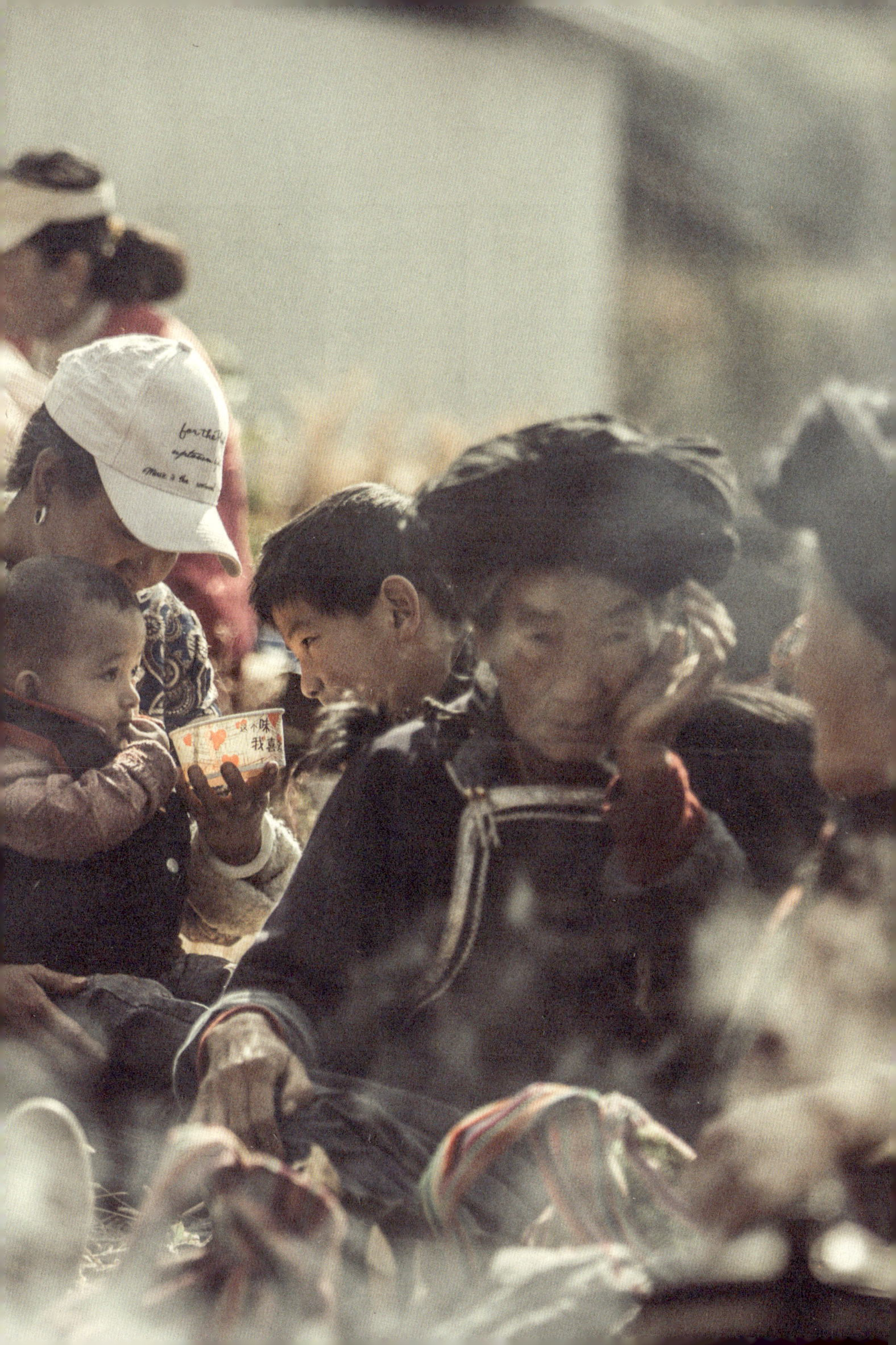

第七章
长者权威

自迁入油米村，三大姓氏家族已在此生息繁衍300多年，传承多代。村落生活既涉及个体成员的利益和私人生活，也涉及村落的共同利益和公共事务，需要建立必要的秩序保障生产生活的正常运行。今天的油米村除了依国家体制设有村小组长等村干部，也保留了代表宗教权威的东巴和家族族长等。东巴、族长、家长各司其职，展开多元协同、良性互动，共同维护着油米村的和谐有序和父老乡亲的安宁有礼。

东巴教是油米人的信仰，东巴的职责是保证村庄不受鬼魂邪祟的侵扰，让油米人能够与自然、神灵、鬼魂和谐相处，此外东巴还承担着文化传承的使命。族长要统筹好家族内部的红白喜事，处理好矛盾纠纷。家长则负责家户的重大事务，如婚、丧、盖房、祭祖等，制定家里全年的生产计划，掌握经济开支，并代表家户出席村里的公共活动，处理一切对外事宜。

在油米村，如果遇到外部冲突，即使当下村内也有冲突，村里男女老少也会心往一处想，劲往一处使，眼往一处看，耳往一处听，油米人说这叫团结——这正是"油米"在当地阮可话中的意思，油米村的老人都说："虽然我们已经老了，但因为油米村团结，所以我们还是放心的。"

东巴

　　隋末唐初，吐蕃盛行本教，随着其势力的扩张，本教传入了纳西族和摩梭人聚居的地区。这里的先民在原始巫教的基础上，吸收本教文化，创造了象形文字东巴文，形成了民族宗教东巴教。东巴教是纳西族和一部分摩梭人普遍信奉的古老宗教，属于原始多神教，以祖先崇拜、鬼神崇拜、自然崇拜为基本内容，以祭天、丧葬仪式、驱鬼、消灾和占卜等活动为主要表现形式。东巴是东巴教的祭司，被视为"智者""上师""大师"，负责主持一系列的宗教仪式，也肩负传承民族文化的使命。

　　油米人视东巴为通灵仁者，是通达人与神、人与鬼的媒介。他们既能与神打交道，又能与鬼说上话，能迎福驱鬼、消除灾难，给父老乡亲带来安乐。不过，东巴是不脱产的神职人员，在日常生活中，东巴像普通村民一样，也参与生产劳动。只有当受人所请，需要举行东巴仪式时，东巴才会暂停手头的劳动，去给主人家主持仪式。东巴会接受主人家的谢礼，一般是一些实物或现金。"礼轻情意重"，微薄的酬劳并不能支撑东巴的生活，东巴家庭的收入依然主要靠生产劳动。

在村民的眼里，东巴是德高望重的智者，是无所不会的能人，备受大家的尊重。族里做仪式的时候，如果宰了一只羊，其中一块羊膀是要由东巴来看的，那么做完仪式后，村民就会将这块羊膀留给东巴，以表敬意。

图 7-1 东巴在村民心中无所不会 / 秋笔摄

东巴是人与自然关系的引导者,维护着人与自然的和谐关系。东巴教最突出的特点,是信奉人与自然神为同父异母的兄弟,因此摩梭人相信他们与自然神有半亲缘的亲戚关系。自然神供给人生存所需的资源,人向自然神索取资源,一方供给,一方索取。索取需适度,否则会导致自然神受到损失,日积月累自然神就会生病。过度索取而不偿还,于天理人道是不容的。因此,人们在向自然神索取资源前,会请东巴举行"祭自然神"的仪式,一方面是通过仪式来和自然神打好招呼,另一方面是通过仪式教育人索取有度,与自然和睦共处。这样的信仰观念浸润了村民生活的方方面面。油米人到山里选好建土掌房的木料后,也会请本家族的东巴做仪式,求得山神的同意,祈祷盖房过程顺顺利利。

东巴还是疗愈病痛的医师,有的东巴懂草医,会拔牙接骨。倘若村里有人生病了,都要请东巴做一个仪式,准备酒菜送鬼。东巴生活在民众中间,既有东巴文化的深厚素养,也受民间文化的熏陶;既博通东巴教典籍,也熟知民情风俗、故事谣谚。东巴教化人向善,在村庄的治理和发展中起着至关重要的作用。2013年,为了解决村里干旱和夜间灌溉的问题,由丽江市东巴文化研究院院长李德静女士牵头,油米村组建了一个东巴协会。协会的成员都是油米人,有东巴,有族长,有一家之长,还有村干部。虽然还没有正式注册,但东巴协会已经开始在日常生活中发挥作用,方便了村内事务的管理,广受父老乡亲信任。

油米的东巴以家族为本位,通过家族传承,所以油米村石家、杨

图 7-2 油米村部分东巴合影 / 丁振东摄

家和阿家都有本家族的东巴，他们负责家族成员一年四季、生老病死等一系列的仪式。家族里的日常生活、节日礼俗和祭祀活动，只能由这个家族的东巴主持，异姓东巴只可做副手。目前村里还有 9 位东巴，其中石姓家族的东巴为石玛宁和杨给苴[1]，杨姓家族的东巴为杨多吉扎实、杨玛佐、杨布里、杨泽礼、杨那本，阿姓家族的东巴为阿公塔和阿泽里。侠武是东巴的助手，他们能歌善舞，在东巴做仪式的时候，用歌声和舞蹈将人们带往信仰的神圣世界。

---

1 杨给苴随母姓，其父姓石，是杨家的上门女婿。

在具有血缘、地缘特质的熟人社区和村落，常流传着耳熟能详的能者故事，激励着后人。每每谈起这些故事，人们心中的自豪感与归属感油然而生。在油米，经常被大家记起的能者就是村里的东巴们。

说到石家的东巴，有一位是绕不过去的——大东巴石英支扎实（1913—1989年）。他在油米东巴文化的传承中起到了至关重要的作用。

石英支扎实是石玛宁东巴的爷爷，在书法和绘画方面有很深的造诣，在村里德高望重。为更好地学习东巴文化，他曾数次到遥远的东巴起源地、圣地白水台[2]求学烧香，那时从油米去白水台需要步行半个月。在20世纪60年代之前，石英支扎实就收集了很多优秀的东巴文化书籍并传授给弟子。"文革"时期，由于大部分经书被焚毁，东巴文化受到沉重打击，传承近乎断绝。在这样一段艰难的时期，石英支扎实没有放弃，他竭尽全力保留东巴经书，将和丧葬仪式、消灾仪式有关的重要经书和比较难懂的经书偷偷藏起来，把能背下来的经书上交。20世纪70年代，石英支扎实派徒弟们去四川找经书抄写回来。因为有了这些经书，油米村的东巴文化才得以传承。

石家东巴除了石英支扎实，还有一位英雄式的人物被传颂至今——杨多吉扎实东巴的外公石生根独吉（1908—1992年）。

2　白水台位于云南省香格里拉东南三坝乡白地村，在哈巴雪山山麓，由含有碳酸氢钙的泉水累年沉淀而成，状如层层梯田，是东巴教的发源地。——编者注

石生根独吉一生非常传奇，在那个年代是全村公认的英雄。石生根独吉擅长打猎，跟他在一起没有饿肚子的时候。他在29岁时就已经打了6头熊，打的麂子、岩羊更是不计其数，每次打了熊回来，他都会将村里的老人全部请来喝酒吃肉，让老人们尽兴而归。石生根独吉很勤劳，做什么都有一套自己的方法。比如打猎，他会先了解猎物活动的路线，熊、山鸡、野鸡从什么地方路过；其次要知道人坐在什么地方才放枪；最后看着猎物的一根毛瞄准，扣动扳机。这些他都清清楚楚。29岁那年，石生根独吉得了疯病，后来跟着木里的活佛走了一年，把打猎戒了，病就好了。

石生根独吉心灵手巧，擅长编草鞋，一边走路一边编，其他人坐下来慢慢编也不如他走路编得好。他还知道打鱼的草鞋要宽，打猎的草鞋要窄，莎草做的鞋子走在石头上不滑。他一刻都不闲着，没事时就在火塘边做粑粑和糖果。

杨家人时常记起的是杨嘎土汝东巴（1891—1966年），杨多吉扎实东巴的大爷爷，他曾与洛克见面。远方来客对油米的东巴文化如此认可，这让杨家人一直引以为豪。杨嘎土汝的弟弟杨生根独吉主要负责家里的生产生活，杨嘎土汝则一门心思地诵经、抄写经文，钻研东巴的学问。他的经文抄写得非常好看，人们对他的印象是整天都沉迷于东巴经中。

洛克曾带着一位丽江的东巴和发廷从丽江来到泸沽湖，传信叫油米村的东巴到泸沽湖去。当时谁都不敢去，杨嘎土汝胆子大，他的哥哥杨波布独吉是总伙头,带着他和好几套经书到了泸沽湖。刚开始洛克怀疑杨嘎土汝不是真的东巴,他随手从经书中抽出一本《梭梭库》让杨嘎土汝来念,让和发廷东巴验证是否正确。《梭梭库》很深奥,像汉语的《三字经》一样,每一句话都是三个字,主要讲述天地还未形成时,人类是怎样发展的。杨嘎土汝念完这本书后,和发廷东巴对洛克说:"你要千年书百年书,这本书是万年书了。"洛克非常高兴,还给了杨嘎土汝 50 块银圆。从那之后,这本经书出了名,所有东巴都必须会念,并且所有东巴都必须有一本。当时洛克还买走了好些经书。

后来又有一次,杨多吉扎实的爷爷和村民把油米的牛皮、羊皮、熊胆、麝香等驮到丽江去赶集。有一天到了四方街,他们的同伴恰巧碰到了洛克,洛克听说他是油米人,给了他 50 块银圆并对他说:"请你把这个东西转送给我的老师杨嘎土汝!"

阿家也有一提到就令人非常自豪的大东巴,他们的生平故事一直被后人传颂。阿公塔的大爷爷阿科左里(1904—1968 年)既是东巴,也是木匠、石匠,在村里威望很高。阿科左里非常会说话,有人去告状时,加泽村委会的人都会请他去土司那里调解。他与官员们关系好,每次调解大家也都心服口服。阿科左里的东巴文也写得非常漂亮,杨多吉扎实东巴在落科村的石家见过阿科左里写的经书,和杨嘎土汝写的一模一样,只可惜这些经书在 20 世纪 60 年代全部被烧掉了。

现在阿公塔东巴接过了阿家东巴传承的责任。除了东巴的日常事

图 7-3 阿公塔东巴 / 秋笔摄

务，他还在加泽完小讲授民族文化传承课，教孩子们东巴文。他上课的时候会讲汉话和摩梭话，学生有汉族人、普米族人和摩梭人。学校里一至三年级的学生开一个班，四至五年级的学生开一个班，一节课下来，有学生能学会 10 个东巴字的读写。这个民族文化传承课并不是政府组织的，是杨晓松（永宁中学的校长，阿公塔的同学杨晓东的哥哥）联系公益组织招募几个资助者来支持的，每个资助者出几百块钱。阿公塔东巴对学生说，每个星期两节课，他可以义务给大家上，不给钱也可以，但民族文化需要传承下去。这个课学生不需要考试，目的只是为了传承。东巴文化在油米人心中有着重要的地位，东巴的地位也很崇高。阿公塔东巴说，如果一个民族没有了文化，就真的没有灵魂了，只是一个空壳子。他怕的就是民族文化失传，所以只要年轻人愿意学习东巴文化，他都会倾囊相授。阿公塔东巴接下来还要引导他儿子阿玉龙入门，传承东巴文化。

族长

族长为一族之长，职责是统筹好家族内部事务，他们的权威贯穿于家族内的红白喜事和日常的矛盾化解中，因此责任也很大。三大姓氏家族在油米村开枝散叶、世代延续，除了得益于东巴的坚守庇护，也离不开家族族长的悉心管理和关照。石家、杨家、阿家各有一位族长，担任族长的一般都是家族里年龄最大、辈分最高的男性。

三大姓氏家族礼数周全，尽显族长权威。如果族里有姑娘要出嫁，出嫁之前家里长辈都要和她进行一次交谈。油米村族人众多，长辈也多，他们会按照年龄和辈分，由族长牵头，按次序与待嫁的姑娘交谈，交代姑娘嫁入夫家以后应该要怎么做人做事，如何孝敬公婆，等等。族里办喜事，一定要第一个把族长请来家里，请他坐在火塘上头的上坝位，那是最靠近神坛的地方，而族长一定会说几句吉祥话和祝福语。

遇到家族内部闹矛盾，族长也要第一个站出来，把族人集中到一起，商讨如何解决矛盾以及后续安排各项事宜。后辈不懂的规矩，尽可以去问族长。族长可以管理家族里的每一个人，族人有哪些地方做得不对，都要听族长的教育。

在做消灾仪式和祭祀山神的时候，也要专门把族长请来，因为族长是家族里辈分最高的，要把羊的肩胛骨献给他。家族里做仪式的时候宰了羊，一块羊膀由族长看，另外一块羊膀由东巴来看。做完仪式以后，一块羊膀留给族长，另外一块羊膀留给东巴，这也体现了族长在家族内部至高的威望和他肩上的家族责任。

油米村的族长经常也有其他身份，与东巴有千丝万缕的联系。先来的杨家一支的族长是杨多吉扎实（1952年生人），他既是家族里年龄最长者，辈分也最高，同时还是杨家的东巴。后来的杨家一支的族长是杨泽礼嘎左（1962年生人）。石家的族长原是石文君（1948年生人），他原来还是油米村年龄最大的侠武。2019年1月7日，石文君老人因病去世，石家族长的重任就落在了他弟弟石农布（1961年生人）的肩上。石农布现在也是家族里年龄最大、辈分最高的男性，同时他也继承了大哥石文君的衣钵，成为村里年龄最大的侠武。[3] 阿家的族长是阿米阿吉，已经76岁。他年纪大了不怎么走得动，家族里有事的时候如果他来不了，族长的担子就会交给族里的东巴。东巴提前去找族长商量，然后再由东巴替族长主持事务。

说到身兼数职的族长，最典型的人物就要数集东巴、族长、匠人、医者等身份于一身的杨多吉扎实，村里的孩子都亲切地称呼他"扎实爷爷"。杨多吉扎实现为油米村资历最老、威望最高的东巴，能主持所有的东巴仪式。在七八岁还没上学的时候，他就喜欢跟在

3　石农布于2021年年初去世，此处为调研期间的情况。

图 7-4 杨多吉扎实大东巴也是油米村的族长 / 秋笔摄

大爷爷杨嘎土汝身旁，看大爷爷做仪式。因此，自杨多吉扎实记事以来，东巴和仪式便始终伴他左右。而真正将他带上东巴这条路的，是他的外公石生根独吉。杨多吉扎实回忆这段往事，说外公是"生拉硬扯"地把他拉上东巴这条路的，外公对他说过一句狠话："你如果不学东巴，我就不再是你的外公，我就不要你这个外孙了。"

1966 年，杨多吉扎实拜外公为师学东巴，成为油米村杨氏家族东巴的第十三代传承人。他曾历时十余载在云南、四川等地搜寻、借阅、誊写东巴经书，为东巴文化的保存和传承做出了宝贵贡献。40 多年来，杨多吉扎实做了无数东巴仪式，其中给亡故之人的超度仪式是最难做的，这是对一个东巴的终极考验。生离死别也更能让人思考东巴的含义与东巴肩负的职责。回顾自己的东巴之路，杨多吉扎实讲过一句话："学东巴就是学做人，让人放心是功德，让人担心是罪过。"

除了做东巴，杨多吉扎实还是一位皮匠，会缝制牛皮大鼓；他也是画匠，会绘制神柜上复杂的图案；他又是村里的土医生，如果有老人摔断了手臂，孩子的乳牙摇动，都得来找杨多吉扎实接骨拔牙。

在传承东巴文化的事业上，杨多吉扎实也实实在在地做了很多有益的事。他收了三个学徒——阿公塔、杨玛佐、和玉志，他们都已经出师，大小仪式都可以独立完成，这让他很满意。除了传授徒弟之外，为了东巴更好地传承下去，他还把很多陈旧不清、零散的经书，通过细致核对和校正，整理成清晰完整的经书。杨多吉扎实谈道，他想尽自己的余热，用心弥补自己前半生的不足，努力完成自己的使命和责任，给后人留下好思路、好印象——捍卫本民族的文化、维护本民族的形象是每个东巴义不容辞的使命和责任，必须面对这一责任并完成它！

家长

油米村的摩梭人家庭是父系个体家庭，大多由两代或三代人组成。人口最多的是四代同堂的大家庭，成员可达 10 人以上。男性长辈任大家长，家庭中的重大事务，如婚、丧、盖房、祭祖等由他做决定。家长制订全年的生产计划，掌握家庭的经济开支，还代表家庭出席村里的公共活动，处理一切对外事宜。大家长的妻子是他的得力助手，负责家中的日常生活安排，如日常支出，以及磨面、背水、喂猪、做饭、洗衣、缝补、播种、照料小孩等家事。

图 7-5 杨多吉扎实一家围坐在火塘边 / 左凌仁摄

家户中各成员的辈分高低主要体现在主屋中落座的位子上。家中主屋的座位是固定的，靠近火塘旁神柜的座位是上坝位，是男性大家长的座位，除长辈、同辈长者和外来男客外，别人不得在此落座。上坝位的侧位是女性长辈的座位，成年男子平时可在此喝茶吃饭。后辈的妇女，包括儿媳及成年的孙女只能在火塘下方烤火就餐。辈分越低的家庭成员坐得离火塘越远。未成年的孙子孙女们一般与爷爷坐在一起，孙子坐得更靠近爷爷。

中国有句古话："树大分权，人大分家。"在油米村，兄弟多的家庭，兄弟们结婚后各自都有了下一代，即行分家。分家时，当地传统是由儿子们均分田地、房屋和大牲畜，女儿嫁出去除了嫁妆，没有财产继承。油米村的传统是幼子守家，父母一般随幼子居住生活，所以幼子有分到最好田地的优先权，祖房也一般分给幼子，其他儿子另外择地建房。若幼子未婚，还得留下订婚、结婚所需的那部分财产。如果婚后兄弟各自都有了下一代，却并未分家，一家之长往往还是家里年长的老父亲；虽然孩子们已成婚有儿女，但他们要分家出来，才可以担任一家之长。

油米村83户，每户家庭成员数量相差很大。有的还未分家，一户能有十多口人；已经分家的，一户就五六口人；父母去世后还未成家的，一户只有一两口人。但有一点是确定的，即家长一般都是年龄最大、辈分最高的人：首先是爷爷奶奶辈，然后是父母辈，最后才轮到子女这一辈。

家长不仅可以决定家户全年的生产计划（地里种什么庄稼，种多大面积，养殖什么牲畜，养多少），还可以决定子女学什么、做什么，以及未来的婚姻嫁娶。阿公塔东巴就是一家之长，他出生于1972年，膝下一儿一女（阿玉龙和阿玉香）均已成年。阿玉龙得到父亲的允许方能出门打工补贴家用，阿玉香征得父亲的同意后才能加入村里的妇女文艺队,学习和传承本民族的歌舞文化,跟着村里的长辈们外出演出。在油米村,父母一般会早早为自己的子女安排婚姻,阿公塔东巴作为家长也为自己的儿女早早定好了姻缘。女儿阿玉香许给了他二姐阿各米家最小的儿子,阿玉龙的对象也已经看好了。

油米村是一个浸润在东巴文化里的村庄,东巴权威包裹了村庄的一切。很多时候,东巴既是长者,也是族长,还是家户的家长。东巴几乎都是集各种职责于一身,在村落的治理与发展中发挥了引领、协调的作用,影响着村落的发展方向。

今天,油米村还设有村小组长,由村民小组会议推选产生,负责传

图7-6 阿公塔一家合影/丁振东摄

达落实上级政策，管理村庄日常事务、分配资源，在村落治理上具有权威性，承担了重要责任。东巴虽然基本不参与村务，但对村落治理仍有深刻的影响，他们告诉人们什么可以做，什么不能做，这一规则在村民的意识中根深蒂固。村民们认为东巴是知识渊博的智者，集歌、舞、经、书、史、画、巫、医等技能于一身，在祭祀仪式、红白喜事的操办中是最核心的角色，不可缺少、不可替代，他们支撑着传统礼俗的有效运转和村落的精神生活。东巴、族长、家长通过宗教、家族、家庭参与村落治理，与村小组长和谐共存，共同维护着油米村的有序安宁。

文 / 梁海梅

第八章
人生仪礼

从出生到死亡，油米人每一个重要的人生节点都有隆重的生命仪礼。独具一格的仪礼文化与东巴文化紧密相连。在仪式性社会，个人生命仪礼着重于协助改变或重建社会关系。仪式的中心是个人，但在仪式过程中的每一个环节，都充斥着个人与家庭、个人与家族、个人与村庄集体的互动。正是在互动的过程中，个人的身份得以被其他社会成员重新界定与认同，被赋予新的社会生活的意义。对集体而言，这不仅代表集体对成员身份转变的认可与强化，在每年的仪式中更使得成员的集体记忆被唤醒，对集体的依赖与归属感也大大增强。

婴儿起名

油米人认为生命是从生到死的轮回，贯穿油米摩梭人一生的生命仪礼是从一个婴儿呱呱坠地那一刻就注定了的。在油米人家里小孩出生的那一天，不管生的是男孩还是女孩，孩子的父亲都会带上一坛甜酒到岳父家去报喜，家里杀了鸡的还要带上一只鸡腿，岳父家会用一只鸡回礼。然后就要去请东巴来家里给小孩看经书,用五行八卦的四方四隅,即东、南、西、北、东南、西南、西北、东北这些方位来推算婴儿的生辰八字。

婴儿降生的第三天,需请族里的东巴来家里做起名仪式。起名仪式在主屋的火塘举行。东巴来到家里,首先用一个竹子编制的小簸箕、若干清香木、栗枝、竹草和面偶等布置一个神坛,点上一盏长寿灯。布置好的神坛在家里摆放三天,每天早上点一盏灯,晚上也点一盏灯,直到仪式结束。三天后,再请东巴来家里将神灵送走,拆下布置好的神坛,起名仪式才算结束。

图 8-1 杨多吉扎实东巴主持起名仪式 / 梁海梅摄

布置起名仪式神坛的时候要捏制面偶，需要准备足够量的麦面粉、一壶沸腾的开水、一碗凉水、一碗酥油、一碗牛奶。东巴将开天辟地的盘古王塑像放置在神坛的中间，然后开始和面捏面偶。最先捏制的是"捣蛋鬼"，杨多吉扎实东巴解释道："我们在开始做起名仪式之前，要先把家里的捣蛋鬼送出去，防止他们来捣乱。"接下来捏制的依次是"东方女神的白色坐骑""南方女神的金色坐骑""西方女神的黑色坐骑""中央女神的花鸟坐骑""素神"，捏制好面偶后，东巴在面偶上抹五次酥油，这样每个面偶就代表五位女神。杨多吉扎实东巴说，"这世间所有的生命都掌控在这五位女神手中。倘若人的魂魄进了阎王殿，只有女神的坐骑'鸟'才有办法把人的魂魄带回来"。东巴在仪式前捏制的面偶有20多种，包括山神、财神，还有"五种精华"（给神的贡品，包括烧的香、点亮的灯、自烤的酒、喝的茶、吃的蜂蜜，象征最好的东西）。

将捏制好的面偶放到对应的位置后，海螺声响起，东巴开始烧香、请神灵、祭祖、诵东巴经《开坛经》（即《请神祭粮》）。先祭祀祖先，然后敬山神。在油米村，做任何仪式都要先和山神打招呼。接着，杨多吉扎实东巴装饰两个宝瓶，摆在神柜上献给五位女神（宝瓶是女神最喜欢的物件）。海螺声再次响起，东巴开始诵读东巴经《招魂》，诵读完经书，海螺声又复响起。在这个过程中，东巴会时不时地给神灵献酒、献饭。东巴的助手和做仪式的主人家做一些辅助，比如用清香木装饰顶天柱、用羊腿敬锅庄、点燃乌木除秽等。经书诵读结束后，东巴开始翻经书、看方位、看卦，婴儿的名字也就确定下来了。东巴大声喊三遍新生儿的名字，一方面是昭告家人小孩的名字，另一方面是给予新生儿油米人的家族身份。

根据东巴的说法,"男孩或女孩一生下来就有一个固定的方位和转向,如果男孩方位在南,就按顺时针方向转;如果女孩方位在北,就按逆时针方向转。婴儿取名时,不仅对照母亲的属相方位(油米人的本命年),还要看孩子出生时母亲把他们带到了什么方位"。

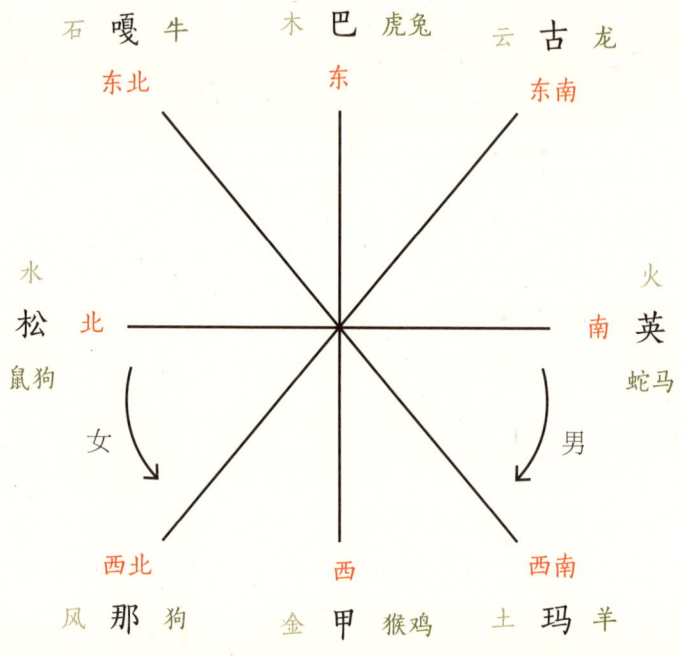

```
       石 嘎 牛      木 巴 虎兔      云 古 龙
         东北             东            东南

    水                                        火
    松       北 ————————————— 南       英
    鼠狗                                      蛇马
              ↘女                    ↙男

         西北            西           西南
       风 那 狗      金 甲 猴鸡      土 玛 羊
```

图 8-2 油米人起名需依据方位和属相等进行推算(图中人名为示例)

取名有规矩,所以村里摩梭名相同的人很多,甚至一家人也有同名的。为了区别开，须在名字前加上亲属称谓。油米人有的只有摩梭名，有的除了摩梭名外，还根据名字的寓意取了汉名，二者并用。

石农布是 1961 年五月初五出生的，属牛。他出生的时候，正好是村里办伙食堂的第二天，那时家里什么都没有。他妈妈说，他出生的时候胖得很，就叫他"石布"，是粗粗胖胖的意思。现在他的名字叫石农布，是摩梭名。读书的时候，学校的老师给他取过一个汉名叫石文祥，后来又改回摩梭名。

不过，给儿孙起名不一定完全按照方位规矩，也可以有变动。杨多吉扎实东巴的大孙子属猴，属猴的位置在西方，他出生的方位是东方。但杨多吉扎实东巴希望大孙子成为一个了不起的人，就选择了"农布宗布"这个名字，因为茶马古道上第一个发现茶叶的人就叫农布宗布。这违背了按照方位取名的原则。后来杨多吉扎实东巴给大孙子起的汉名叫杨德，他希望他的孙子有道德、有品德。汉家说"不怕算错命，就怕取错名"，他给大孙子起了一个好名字。杨多吉扎实东巴给二孙子取的汉名叫杨智，希望他有智慧；他给小儿子家的女儿起的汉名叫杨善，希望她善良，摩梭名叫"次拉姆"，这也是杨多吉扎实妈妈的名字。按照起名的规则孙女的名字应是"增格拉姆"。杨多吉扎实的妈妈曾想把她自己的名字给孙女，但当时杨多吉扎实东巴不同意："她在这个地方落地为什么要给你的名字？"没过几年杨善生病了，杨多吉扎实的大儿媳去四川找活佛，活佛说是名字起错了，后来起了杨多吉扎实妈妈的名字次拉姆，病就好了。杨多吉扎实东巴说："杨善说话宽松平和，读书成绩也很好，长得也像我的母亲，她俩的性格每一处都像。"

在婴儿的起名仪式中,祭祖是非常重要的一个环节。东巴说,这时祭祖是为了告知祖先家里新添了孩子,孩子的名字叫什么。如果小孩生病了,做除秽仪式或消灾仪式,东巴与祖先对话,祖先会告知他们,这个小孩的魂魄跑去哪里了,这样小孩的病痛就会被赶走,病也就好了。如果家里新生了小孩不做祭祖仪式,就等同于没有告知祖先关于这个孩子的信息,以后小孩生病了,祖先也不知道这个小孩的魂魄跑去了哪里,病痛很难被赶走。

东巴昭告家人小孩名字的时候,坐在火塘边的东巴和家里的长辈们一边传看羊膀,一边为新生儿送祝福,祝愿小孩一生平安顺利,祈祷神灵保佑孩子无病无痛、健康成长。如果东巴从羊膀上看到不好或者不顺的情况就需要给主人家解释,说明接下来需要做一些什么仪式来化解和应对不顺。

刚添了小孩的家庭会有很多的忌讳和讲究。从外面打工回来的人,不能去刚生了小孩的人家。东巴经书里有这样的说法:"从外面打工回来的人去刚生了小孩的人家,小孩会被外面带来的魂魄惊吓到,小孩就会生病哭闹。"别人给小孩买的新衣服也不能随便穿上,怕给小孩带来病痛。油米村有个说法,小孩小的时候,家里的男人一般不能碰小孩,怕小孩生病,因为家里的男人是要出远门的。如果男人在抱小孩的时候,小孩尿到男人身上,男人出远门的时候会把小孩的魂魄带走,这样小孩就会生病。在小孩满月时,家人要去请族里的东巴来做一个大祭风仪式。他们认为这样的祭风仪式可以挡住小孩子的病源，叫病痛滚回去，家里的小孩就不会生病了。

成丁礼仪

油米人认为一个孩子长到13岁就成熟了，可以参加劳动、进行社交，在社会活动中也有了发言权，因此必须给他举行成丁礼仪式。成丁的孩子也将拥有人生第一套摩梭服装，由属相相生的长辈为刚成年的女孩穿裙子、戴头饰，为刚成年的男孩穿裤子、扎腰带，故成丁礼仪式也称穿裙子仪式或穿裤子仪式。

2019年摩梭新年初一（农历十二月初一），杨宝荣的小儿子杨智举办成丁礼仪式。从这一年年初开始，杨智的妈妈石哈巴米就坐在一架简易的织布机前，动作熟练又不紧不慢地精心织着一条非常漂亮的腰带。石哈巴米见到我们，很高兴地介绍说她家杨智今年过年的时候就13岁了，要做成丁仪式，这条腰带是她给儿子准备的成丁礼物。人的成长需要仪式感，仪式带来一种庄重的氛围，也给了人们更多的信心，正如坐在织布机前的这位母亲内心的期望。

据阿公塔回忆，他成丁的时候非常激动，一晚没睡。那时候物资比较贫乏，市面上没有做好的长衫子，有钱都买不到，只能买布由母亲缝制。阿公塔的母亲亲手给他做了一件长衫子，编织了一条腰带。他的父亲给他买了一套西装、一顶30元的金边帽。一个孩子成

图 8-3 石哈巴米给小儿子编织成丁礼腰带 / 秋笔摄

丁，亲戚朋友乃至全村人都会送来礼物。阿公塔的子女阿玉龙和阿玉香成丁的时候物资都丰裕了。阿公塔的哥哥姐姐每人送阿玉龙一套服装，家里还给他买了三套：一套摩梭服装，一套藏装，还有一套西装。阿玉香成丁的时候，家里也给她买了一套藏装、一套西装，阿公塔的三嫂还送来一套摩梭服装。现在的条件越来越好，成丁礼穿得也比从前好了很多。

在油米村，摩梭新年初一早上鸡叫之后，家里的男人开始烧天香敬"胜利神"。香烧到一定的时间，与孩子八字和属相相生的长辈为其穿裤子或穿裙子，如果家里有合适的长辈就不需要另请了。男孩左脚踩在猪膘肉上，右脚踩在一袋大米上；女孩左脚踩在猪油上，右脚踩在一袋大米上。猪膘肉、猪油和大米都象征着在成丁后的日子里吃用不尽。阿玉香和她妈妈属相相生，所以裙子是妈妈帮她穿的。长辈为孩子穿上的摩梭服装的颜色是请东巴推算过的，由这几种颜色组成的摩梭服装将在以后过年过节或重大场合穿到，一直伴随孩子到老。

仪式的其他环节男孩和女孩都相同，先到家里的主屋磕头祭祖，然后到楼顶烧香塔烧天香磕头，之后再回家里来。家里的仪式做完后，天也亮了。成丁的孩子由属相相生的长辈带着去给其他长辈磕头，就像拜佛一样，向长辈们祈求长寿和美好的祝福。先是去爷爷家磕头，带上一两瓶酒、一块猪耳朵以及黄果之类的水果；再去外公家磕头，也是带一些水果、一两瓶酒、一块猪耳朵。爷爷或外公家的长辈会给孩子戴上一条哈达，哈达的颜色也是东巴根据孩子的生辰八字测算好的。长辈们还会在孩子的头顶抹一块酥油，意思是"神点的"，代表着吉祥和美好祝福。孩子给所有的长辈磕完头后，父母再把孩子带回家，成丁礼的仪式就算结束了。阿玉龙成丁时，阿公塔在家里做完仪式后，就带着阿玉龙去磕头了。第一家是去阿玉龙爷爷那儿，然后去他的外公石文君那儿。叔叔、姑姑这些亲戚都在村里，阿玉龙一共去了10家。

杨多吉扎实东巴回忆，他的成丁礼和现在是一样的流程，只是物资丰寡不同："1964年13岁那一年，家里的年猪生了只白色的独猪。

图 8-4 杨智的成丁礼 / 秋笔摄

爷爷喂猪的时候说,'我家大孙子要成丁了',家族很重视大孙子的成丁礼,后面小的就有点淡了。成丁礼是在摩梭新年正月初一。天刚亮,两个爷爷就在家里站着烧香了,太阳出来后又到集中的地点去烧香。以前古老的时候社会不安稳,民族间常有斗争,摩梭人认为天不亮的话外头可能有敌人在包围着我们的家,不敢出门。天亮了,外面没有敌对力量了,爷爷们才到屋顶去烧香。新裤子和新衣服是妈妈用自制的麻布做的。爷爷做法事的时候,在我头上抹了酥油,给我系上领带,说吉祥语'长命百岁,不病不痛'。仪式之后我就要去拜年了,这时候家家户户都在烧香,我挨家挨户磕头,他们会给我哈达。有一个舅舅石扎拉是富农,给的钱最多,三元钱。做东巴的伯父给我两元,也有给一元的、五角的、五分的,还有一个舅舅给了我两分。我成丁礼收的现金是十六元八角二分,我妈妈用这十六元专门买了一口铁锅,说'这是我老大成丁礼的时候买的锅',做个留念,前几年都还在用。幺叔杨独吉品初给了我一根帆布的腰带,还有一双袜子。那时候都没有袜子,不知道幺叔是从什么地方弄的。其他人也有给布的,布也收了好几件。富农舅舅给的三元钱是草绿色的,那版三元钱后来有银行回收、兑换的时候,我家的没找到就作废了,后来被我扔在火坑里面了。现在想想当时不懂事,其实应该留下来做纪念。后来我大女儿成丁礼的时候,杀了一只大山羊,宝荣成丁礼的时候杀了一头牛,这在村里是一件空前的事情。"

婚姻礼俗

油米人现在实行的是一夫一妻制,曾经也有少数家庭一妻多夫,两兄弟共一个妻子。父母指婚在这里比较常见,父母在与子女同辈的不同姓氏家族中为其挑选结婚对象,征得子女同意后,剩下的事情就由长辈来沟通。油米人近亲结婚的占多数,特别是优先考虑姑舅表亲。

父母在给自己的儿子安排婚姻之前,会先去找东巴给儿子测算八字,看看找什么样的女孩做媳妇好。八字测算好后,父母就会在村里看与儿子八字相合的女孩有哪几个,从中挑选一个人品好、诚实、对老人好的女孩。长辈相中女孩后,下一步父母就要到女孩家去提亲和定亲。

如果是孩子之间有了想法，父母在提亲前首先也要请东巴测算男女双方的属相是否合得来，如果东巴测算出两个人的八字不合，那这桩婚事就会被阻拦。如果男女双方的八字相合，东巴就会继续帮两位新人测算他们结婚时适合的服装颜色。

如果提亲得到应允，紧接着就是定亲。定亲仍需请东巴算一个好日子。男方家去女方家定亲带上一坛白酒、一坛苏里玛酒、一圈猪膘肉等作为礼物，礼物的数量需要提前计算好，女方家族里的每户都要分到一份定亲礼物才可以。男方家还需要给女方的父亲或母亲买一件新衣服，如果定亲的时候给父亲买了，那结婚的时候再给母亲买就可以了。从前，新衣服只需单买一件，现在要买一整套。

定亲后就可以开始准备结婚事宜了。结婚的日子非常有讲究，如果日子不好，会有很多的不顺利。男方家需要先请东巴测算良辰吉日。东巴要看天上的星星，看天气、星辰好不好来决定结婚的日期。日子定下来后男方家再通知女方家，方可举办婚礼。杨多吉扎实回忆，他是1973年结的婚，农历正月初三把媳妇接回家，那时候他爸爸还活着，但这一年十月初三他爸爸就去世了。他爸爸属龙，也是东巴。那时候禁止推算占卜，他胆子小，连算个日子都不敢。后来，杨多吉扎实做了推算，牛年的农历正月初三恰恰是属龙的最大忌日。他自己娶媳妇的时候，没有想得特别周到，后来他儿子娶媳妇的时候，他是全方位考虑的。

在结婚当天，男方家要早早地请东巴过来，测算什么时辰可以到女方家迎娶新娘，接到新娘后应该从什么方向回来，还有新娘进门的时间，等等，都需要提前有个约定。新娘在出嫁时需要请东巴在新娘家里做除秽仪式，在家门口烧一盆杜鹃的枝条，并围着这盆杜鹃枝条，用烟熏自己，东巴则念《除秽经》，用杜鹃枝条煮的水洒在新娘头上。新娘进门时，东巴会在男方家的大门外敲锣打鼓，念东巴经，经文的大概含义是"呼唤好的、美丽祥和的东西过来，祝愿这对夫妇白头偕老、百年好合"。新娘在出嫁后，如果生小孩不顺或小孩容易夭折，则需要请东巴到河边去做除秽仪式，东巴会在仪式中用蒿子或杜鹃枝条或乌木洗去女子身上的污秽，或是用烟熏去不好的东西，并念《除秽经》。

油米的婚礼要举行两次仪式：先在新娘家，两天后将新娘接到新郎家举行婚礼。有能力的亲戚会带一块布或一件衣服去参加婚礼，如果新郎新娘收到的新衣数量多，亦可转赠亲朋好友。在男方家办婚礼时，女方这边的姻亲只需来做客，无须再到新郎家帮忙。

油米还有一个特别的习俗。出嫁的女儿，新婚后算好日子，女儿会回娘家看看。再回夫家时，娘家的亲人会给两位新人送牲畜，按照亲疏远近，父母送母牛或母马，叔叔家送母羊，家族中每户都送母鸡。油米人说："陪嫁种牛种羊，一方面是娘家希望女儿嫁人后可以在夫家把养殖做得更好，另一方面是希望女儿嫁去男方家后人丁兴旺。"如果结婚的是晚辈，男方家里的长辈在婚礼三天后会集中在新郎家，按照辈分大小排位坐着，交代两位新人未来生活如何顾家、善待老人，如何进行农事生产、抚养子女。如果结婚的是平辈或长辈，同辈的家人都会提前两天去帮忙准备，杀猪宰羊。

在油米紧密的关系网络中，悔婚和越辈结婚是禁忌。一方如果悔婚，会受到家族甚至全村的非议，家族的族长会把先悔婚的一方赶出油米村，永远不准其回来。不管是父母指婚，还是自由恋爱，油米人宁愿从外村找媳妇，也不会越辈结婚。杨宝东的父亲杨文国说："本村与宝东同辈、年龄相仿且还未结婚的小姑娘没有了，只能去外村找了。"石农布说："以前油米村的摩梭人与藏族人通婚，一般是通过做生意认识的。"杨多吉扎实的外婆是藏族人，是他外公去藏区做生意的时候认识的。然而，村落里总有特殊的情况发生，在选择结婚对象方面亦是如此。少数油米人自由恋爱，如果他们在父母不同意的情况下仍然坚持结婚，父母一般不会为其设宴请客。

花甲礼俗

在油米村，60岁以上的老人一般都留在家里，帮家里喂牲畜、垫圈、照看小孩。如今，老人则更讲究一些，如果东巴测算出他们的本命方位在西方，那他们就不能去东方，若绕行也绕不开，就更不能出远门了。当自己的父母到了60岁这一年，嫁出去的女儿一般都会把父母接到家里小住一个月，好吃好喝供养，孝敬他们，再把他们送回去。阿公塔东巴在岳父60岁时，邀请岳父来家里小住一个月，打算杀一只大山羊，但他岳父石文君说："我们都是一个村的人，天天一步路就到家里，早饭晚饭都在你家吃。如果有穿的（衣服），带一套给我就可以，杀山羊就不必了。不仅麻烦你们，还会麻烦到村里人。"

油米村的女子如果外嫁到其他村，等她们60岁出头，她们的兄长或侄儿一般也会把她们接回娘家来住上一个月，然后再请客办酒席送她们回去，当地把这个活动叫作"送姑娘"。村里所有的东巴都会来参与庆祝这个活动，场面很隆重，堪比结婚时的送亲。

"送姑娘"时，娘家人（可以是长辈、平辈，也可以是侄儿）要送给嫁出去的女子一整套衣服，包括鞋子、上衣、裤子，一套床上用品，包括被子、毯子、床单和枕头等，还会送一头猪的猪膘肉（猪头需要切下来留在娘家），一些鲜肉、腊肉，一瓶白酒，一瓶鸡蛋酒和水果等给"姑娘"带回去。其他的亲朋好友也会来，有的带着新衣服，有的带着新布匹，有的带着腊肉，有的带着白酒，有的带着水果，这些东西也都会送给"姑娘"。从前，这些收到的礼物用马来驮，现在是用车运，满载着娘家人的深情。要返回夫家时，村里所有的亲朋好友，尤其是妇女都会来给"姑娘"敬酒，一路送她至村口。被送的"姑娘"则会提前准备好一些散钱，在送别时给在场的所有人发三次"吉利钱"，每次的金额不等，每个在场的人得到的金额也不等，代表着吉利和祝福。

石农布的二姐次里拉姆外嫁到次瓦村，2020年时已经年过六旬。石农布的儿子石米羊次里（石学军）和侄子杨给苴请杨多吉扎实东巴看了一个好日子。在当年一月把他们的姑妈次里拉姆接回油米村住了一个月，次里拉姆拜访了村里所有的亲戚，这也是应尽的礼数。

次里拉姆回娘家的时候，把村里所有的亲朋好友都请到娘家来吃了一顿"pan ba"（意思是礼物）。她回娘家时带了一圈猪膘肉，一些肉肠、瘦肉干巴、一些鸡蛋、糖果和200多斤酒。一部分煮熟请大家来吃一顿，其他的分成若干小份，在吃完饭之后当作礼物请大家带回家。次里拉姆给大哥石文君家、三弟石农布家和侄子杨给苴家各带了一圈猪膘肉、一个新鲜猪腿、一瓶酒和1 000元钱，作为回娘家探亲的礼物。

次里拉姆在油米村住了一个多月后返回夫家，返回的日子也是要请杨多吉扎实东巴算的。算好日子，娘家人就要筹备酒席为她送行。按照"送姑娘"的规程，由石文君、石农布和杨给苴三家共同操办酒席款待全村，并为次里拉姆准备返程的礼物。在酒席上，村里的老人和东巴都来了，整齐地坐在火塘周围，一起唱《十二朵花》《玉龙雪山的歌》《银花银山》为次里拉姆送行。石农布说："二姐嫁到了外村，过春节时，她对油米的山水，对娘家人和村里所有亲朋好友都很怀念，也很思念大家，为了这个良心的问题应该要接回来看看。我们东巴经里讲人是会转世的，但是不知道以后投生到什么地方，都是身不由己。今生今世，我们投在一家，成了兄弟姊妹也不容易。"油米的土掌房中歌声悠扬，传递着浓浓的眷念。

图 8-5 送姑娘 / 梁海梅摄

丧葬礼仪

摩梭人有着独特的生命观,他们相信每个人一降生到这个世界就进入了一个为期 12 年的预备期,或者说一个以十二生肖为象征的时间周期,不能活过预备期的人被视为不适合生存,不能说是真正的人。因此,对没有活过预备期就夭亡的人,不会给他们举行规定的仪式。而对跨过了预备期这道坎儿的人来说,丧葬仪式将是他们生命中最隆重的仪式。

在油米，如果有人过世，全村人都会来帮忙准备仪式所需的物料和食材。出嫁的女儿要带一顿饭的食材回家招待亲人、客人，食材包括一头牛、一袋大米、几条烟、几瓶酒。近几年，条件好的家庭可以多带一头小肥猪，家里的儿子们平摊老人的安葬费用，外甥女每人（或大家集资）牵一只羊或送一桶酒。

在村里有人刚刚过世时，村里每家每户就会派代表带着米饭、酒、猪膘肉、水果和一斤油来为死者点灯，献饭献酒。做仪式时，每家还会背来一背柴薪、两斤米（一桶米），用来烧饭待客。关系特别亲的亲戚会来家里帮忙，就如同换工，未来会以互助的形式还回去。姻亲们一般也会回家帮忙，不帮忙的也要回家磕头。丧葬仪式当天，村里每家还会出一个人去道场帮忙。

2019年，油米村侠武石文君去世，他的葬礼全村人都参加了。在石文君病危的时候，家里就开始给他准备去世时需要用到的轿子，这个轿子以前是男女有区别的，现在简单了，男女都一样。家门口拴好一匹马，这是给死者的坐骑。在一个人去世后，要给他嘴里含上"五宝"，即金、银、珠宝、糖、硫黄，只含其中的一种也可以。油米人认为，死者走到有水的地方，如果需要买水喝，就可以用这"五宝"来买。

石文君的丧葬仪式是石玛宁东巴、杨给苴东巴、阿公塔东巴一起主持的。石文君生前给自己准备了一套灯，一共13盏（在东巴文化里，天空有13层，13是吉祥的数字，所以用13盏灯），在他还没有断气的时候，13盏灯都点上了。弟弟石农布给石文君"接气"[4]，东巴在旁边念东巴经书"sa e"（接气的经书），把死者的气接回来。接完气，家族里每家每户都要点上一盏灯。家中有人断气之后，家里人要在家门口放一封纸炮（从前还会放火枪），向全村人报丧，然后族里和村里的亲戚来吊丧。一般是本家族的人先来，每家带一盘米饭、一块猪膘肉、一些水果、一两瓶酒、一包或一片茶叶来祭祖。仪式中会有一位侠武在旁边口述家族里这时候来了哪些人，这家一共几口人，把他们的名字都念出来，还会口述他们给死者带来了哪些礼物，告诉死者：族人带来了这些饭、肉、酒、茶叶等，死者在途中，不管是在森林里还是山头，有需要用的都可以拿去用。

石家的男性闻讯来了后要先帮死者洗澡。洗完澡，要给死者抹酥油，耳朵、鼻子、眼睛、嘴巴都要抹上，然后把家里人提前缝制好的白布衣服给死者穿上，给他打扮好。接着，石家的老人来把死者的尸体捆好，让两条腿屈起来，两个手臂放在胸前，捆好了就让死者坐在家里。这时候石姓东巴要来给死者交代，告诉死者他的丧葬仪式是怎么做的，都准备宰杀哪些牲畜，等等。

与死者交代一番之后，东巴就开始点火烧羊膀了。烧羊膀、看羊膀，主要是看停尸在家的日子、火化的日子等。看羊膀的同时，东巴就开始安排操办丧事的总管由谁来担任，煮饭、炒菜、端茶、倒酒分别需要一个什么样的人，他们都叫什么名字，什么时候需要他们到死

---

[4] "接气"是油米人丧葬仪式中的一个环节，即接下逝者留下的福气，传递给家族的其他成员。

图 8-6 石文君侠武葬礼的道场上,人们竖起代表胜利神的旗帜,亲人拉来牲畜献祭 / 丁振东摄

图 8-7 石文君侠武的丧葬仪式由他的侄子杨给苴做主祭东巴 / 丁振东摄

者家里来帮忙，这些事宜东巴都会列一个表出来，族人、乡亲依序报到。

烧完羊膀，族里的东巴要念东巴经"shi da"(《开路经》)。石文君家杀了一头小猪，这是给死者开路时使用的。侠武在旁配合东巴进行口述，一层一层地念死者归去的路线。东巴念东巴经，侠武口述，把死者的灵魂一级一级地送上去：翻过喜马拉雅山，从印度洋海边往海上超度，从海上超度到人间，又从人间超度到神界。

石文君去世的时候，烧羊膀显示的样子不好，就多耽搁了一天，从他落气到葬礼结束一共是6天。死者坐在家里的这几日，家里人早上要给死者献茶，晚上要献酒，一天三顿饭都要献。这个丧葬仪式具体操办几天主要取决于烧羊膀的情况，办10天10夜的都有。

火葬石文君当天，他家里杀了一头牛，请全村亲戚朋友吃一顿饭。石文君家里本来就有一头牦牛，阿公塔又拉来一头牛，石文君的小女儿也拉来一头牛。家族弟兄之间能帮忙的就帮忙给了一点钱，石姓家族集资拉了一只山羊。在做大道场这一天，家庭条件好的要杀一头牦牛，家庭条件一般的杀一头黄牛。家庭条件不错的，杀一头牦羊也可以。主持丧葬仪式的东巴根据主人家的条件做相应规格的仪式，在这一点上是不勉强的。石文君是侠武，他的丧葬仪式是一场大仪式，东巴经书要念200多本，村里9位东巴都来了，侠武则配合跳舞。

葬礼做大道场的时候，村里的亲戚每家都煮一锅饭、一锅菜，还

图 8-8 在石文君的周年祭上,油米村全村在一起聚餐怀念逝者 / 秋笔摄

要带一些甜酒,作为火化仪式当天的午饭。由于亲戚多,这些饭菜多半都吃不完。东巴和侠武会念谁家的人叫什么名字,这一顿都带来了什么,全部都会念到。火化结束后,要把死者的灵魂接回家住,先请东巴去家里撵鬼,再给松枝穿上新做的衣服打扮好代表死者,由家里人接回去,死者生前穿过的比较新的衣服也要留存下来。家里人会把饭、菜、酒、水果摆在死者面前,献给死者,让他在家里安心住着。

丧葬仪式后的第二天早上，在鸟还没叫的时候，石文君家人就要去捡死者的骨灰。将没有烧化的一小部分包在一块布里，拿回家来夹在松枝上。大道场做完以后的第三天，家里人要把松枝送到石姓家族在山上的固定位置，也就是把死者的灵魂送到山上去。上山是需要骑马的，主人家的马走在前面，其他的马跟在后面。安置了死者的灵魂后，还要请东巴念经，把所有参加丧葬仪式的人的灵魂和牛羊的灵魂全部都召回来，不能让其跟着死者去了。至此，丧葬仪式全部结束。仪式后，死者家里所得的酒、肉、茶叶等这些礼物由东巴来分配，威望高的人分到的会多一些，仪式上帮忙端菜、倒茶、倒酒的人也都会分到，分到什么就是什么，没分到也没有关系，没有人会去计较。

文 / 梁海梅 赵天宇

第九章
岁时节庆

在油米村的一年12个月里,每个月都有民俗节庆活动。杨文国说:"油米是山肚子里的村庄,穷欢乐!民俗活动多,无事找事,自得其乐。"油米村的岁时节庆,是人与人,人与土地、山林、祖先神灵的互动。人与人真诚友好,人与土地、山林和谐相处,人对祖先神灵虔诚尊敬。油米人不愿意长时间外出,认为在世上油米是最好的,哪儿也比不上油米,在外的游子则深深眷念着家乡。

农历十二月初一至十二月十三[5]是摩梭新年。十二月初一被视为一年之首,油米人须在这一天烧香祭拜祖先和神灵;十二月初十,油米人会来到无量河边,向河神祈求财运;十二月十三,新年结束,村民集体转山,祈求福运。正月初一,油米人给东巴拜年以表感谢;在汉族的春节期间,村里主妇们互相宴请,感恩母亲。二月初一祭拜水龙,二月十五剪山羊毛,三月十三是妇女的沐浴节,四月小春成熟"尝新麦",五月端午节,六月初十石家祭祖,七月十三转山节,十月

---

[5] 本章的月份除特别标注外均为农历。

守望东巴

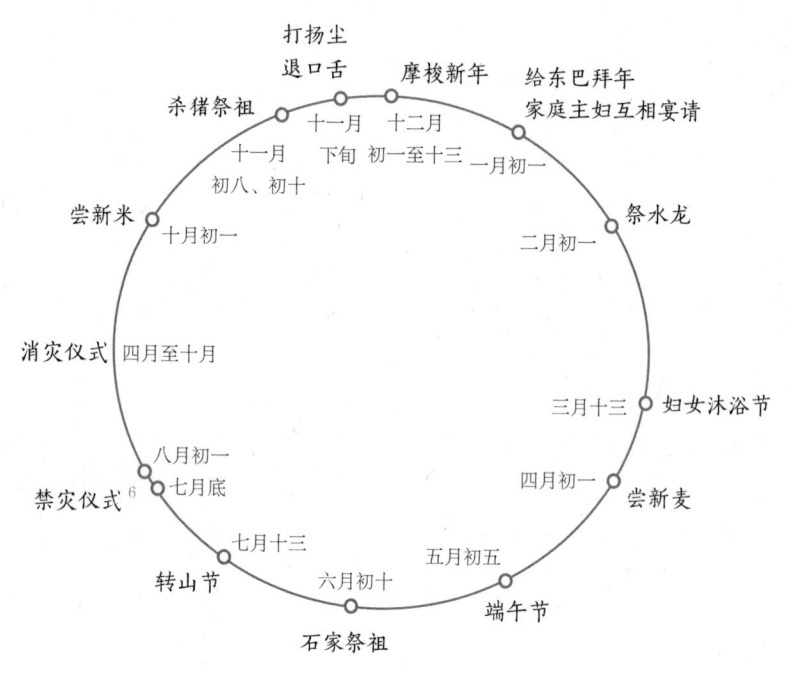

图9-1 油米人一年四季的节庆活动（农历）

初一大春收获"吃新米"，十一月初八、初十杀猪祭祖……

　　四季节庆丰富了村庄生活，也充实着油米人的精神。他们心怀神灵、敬畏祖先，时刻不忘河流、土地的恩赐。东巴作为人与神灵和鬼怪间的使者传递人们的心声，这样安宁欢愉的山间岁月弥足珍贵。

6　禁灾仪式，通过这种仪式，祈祷田里没有病虫害，禁止阻碍风调雨顺的事情发生。

摩梭新年

十二月初一至十三，油米人庆祝摩梭新年，标志着旧的一年结束与新的一年开始，并寄托对新一年的希望。根据东巴经里的记录，一年被划分为12个月，每个月恒定为30天，不存在大月和小月的区别。因此在当地，全年累计的多余天数会被放在杀猪节到摩梭新年之间来过，不论当年是否有闰月，杀猪节都在全年的第十一个月举行，每年农历十二月初一过摩梭新年。初一至十二，油米人每天举行的仪式和活动都不一样，每一项都协调有序地展开。初一，村民烧天香依序祭拜祖先、水龙和山神，石家宴请全村并在晚上主持篝火打跳。初二，阿家和先到油米村的杨家宴请全村，晚上各家户举行仪式，以消除一年里因仪式杀生产生的罪过，这一天由杨家主持篝火打跳。初三，后到油米村的杨家宴请全村，人们带上在杀猪节准备的新年礼品，给舅舅、孃孃、岳父岳母拜年，晚上由阿家主持篝火打跳。初四，油米村和附近村庄的村民走亲戚拜年。初五送年，人们邀请来家里拜年的亲戚一起吃早饭，请亲戚们带两片熟猪腿肉、两片肥肉、一圈猪膘肉和一块排骨回家，当天晚上祭畜神。初六送山神，人们去远方的亲戚家拜年。初十祭河神，祈祷好财运。十三这天摩梭新年结束，村民们集体转山祈福。

摩梭新年是整个家庭、家族乃至全村团聚的重要时刻。为了庆祝这一盛大节日，加泽完小为学生们安排假期回家过新年，外出的游子也会在十一月杀猪节之前纷纷返回油米村，开始为迎接新年做准备。新年期间，大人们穿上摩梭民族服装，东巴们穿戴东巴服饰，孩子们穿上新衣，载歌载舞共度佳节。

守望东巴

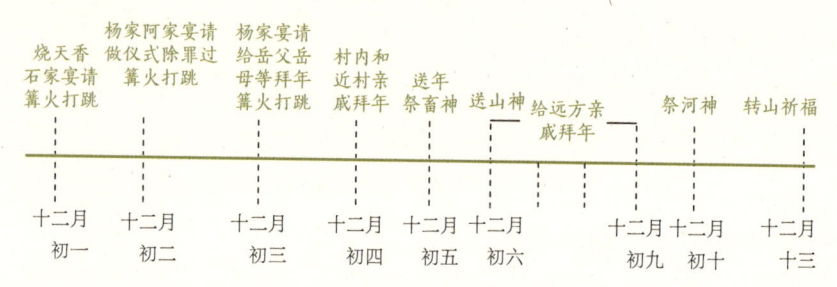

烧天香 石家宴请 篝火打跳	杨家阿家宴请 做仪式除罪过 篝火打跳	杨家宴请 给岳父岳 母等拜年 篝火打跳	村内和 近村亲 戚拜年	送年 祭畜神	送山神	给远方亲 戚拜年	祭河神	转山祈福
十二月 初一	十二月 初二	十二月 初三	十二月 初四	十二月 初五	十二月 初六	十二月 初九	十二月 初十	十二月 十三

图 9-2 油米摩梭新年初一至十三的节庆活动

新年准备

十一月三十这天，油米村每家每户都忙着准备迎接新年，大家既忙碌又兴奋。妇女们从早上开始就精心准备年饭，清扫房前屋后的树叶，在屋内打扬尘，清洗炊具；男人们印经幡、竖战旗，上山采集烧

图 9-3 石哈巴米和石嘎玛在水池边清洗炊具，为年饭做准备 / 梁海梅摄

天香的物料。土掌房屋顶上的烧香塔底座呈四方形，在油米人的传说中，地球是四方的，烧香塔就代表着地球神山。烧香塔一般面向东方——太阳升起的地方，象征着对光明的向往。过年时，人们在烧香塔上插松枝、挂经幡，拉上五彩线，给地球神山好好打扮一番。小孩子听从大人的吩咐，共同参与到这一准备过程中。大家还会赶在一天最暖和的时候洗澡洗头，干干净净地迎接新年到来。

杨宝荣是村长，由于忙于村里的事务，当天他终于赶在天黑前上山把新年烧天香的物料采集回来。弟弟杨泽礼在家准备过年用的香面。油米人烧的香不是市场上买的檀香，而是把玉米、麦子和谷子洗干净后烤熟，推磨成面粉，再与柏香、新鲜的松叶、清香木的叶子混合制成。油米人敬畏祖先神灵，非常虔诚，不允许不干净的东西靠近香面或碰到祭祀的物品。[7] 杨宝荣、杨泽礼也要协助父亲杨多吉扎实用小麦粉和酥油捏面偶，这些面偶代表神兽，护佑神灵。这一天，杨宝荣的妻子石哈巴米和弟媳石嘎玛早早开始制作豆腐，在水池边清洗炊具，还不忘嘱咐孩子们洗澡洗头。趁着阳光正好，杨泽礼给家里四个小孩洗头，杨善的头发长，趴在杨泽礼腿上，杨宝荣帮忙淋水，杨义靠在墙上看爸爸给姐姐洗头发。杨宝荣的母亲石巴米和几位孃孃则上山放羊去了，顺便给羊群安置好新年的草料。全家在下午5点前吃完年饭，比平常吃得早，此时母亲石巴米还没有回来。油米人过新年需要准备的事比较多，十一月三十晚上，家里的男性几乎没有睡觉的时间。

---

[7] 油米人的传统观念仍然忌讳女性触碰与祖先神灵有关的物品，其认为女性有生理期，还要生孩子，是不洁的，因此所有祭祀品都由男人来制作。

图 9-4 油米村新年初一烧天香用到的面偶 / 秋笔摄

新年初一烧天香

十二月初一,海螺声拉开了新年的帷幕,按照家户—家族—全村的顺序,全家男性成员先在家烧天香祭祀祖先神灵,然后同饮一个水源的左邻右舍来到水源处烧天香祭祀水龙,最后全村集体到虎头山半山腰烧天香祭祀山神。

村里的东巴都会看星宿,当"ri gu"星宿(即四颗星,这是普米族的说法,被油米人借鉴)刚刚靠近东山头的时候,公鸡就要打鸣了。传说鸡鸣破晓,太阳从东方升起,神灵便开始降临人间。所以大年初一公鸡一叫,每家每户的男性成员就起床烧天香,诵经声、海螺声伴随着香火在无量河畔冉冉升起，村里开始热闹起来。这是新年烧的第一笼香，祈祷顺顺利利平平安安。油米人尤为重视它，村民似乎会默默地竞争谁家头一个烧天香。清晨，杨多吉扎实家的海螺声和诵经声一响起，大儿子杨宝荣家所在的二楼就响起急促的脚步声，那是孙子杨德和杨智赶去一起烧天香。

图 9-5 新年鸡鸣破晓，油米村家家户户开始在屋顶的烧香塔烧天香 / 秋笔摄

家里烧天香时，家长会先在火塘边，边烧天香边念《烧香经》上段，并在家人和牲畜头顶抹上酥油，祭祀祖先。然后上到房顶的烧香塔烧天香，继续念《烧香经》中段，将老祖先住过的所有山名念一遍，祭祀山神。家里的整个烧香过程需要两小时左右，结束时天刚要亮，全家人一起去给水龙烧天香，小孩子扛着竹旗成群结队地向水源

图9-6 同饮一处水源的家户烧天香祭水龙 / 秋笔摄

处走去。东巴们念《烧香经》下段，家长们跟着东巴念经的节奏吹海螺。有些蹲在一旁的男孩对海螺好奇，也拿过来试着吹两下。水龙位于水源地，周围树木茂盛。油米村共有三处水龙，村民们平常吃哪处水，就去给哪位水龙烧天香，不能混淆。

祭祀水龙的天香烧完，各家回去喝早茶。而后全村人盛装打扮，背着烧天香的物料和美食，来到虎头山半山腰的烧香塔（摩梭语 xuo wa gai），集体烧天香祭拜山神。虎头山是油米人的神山，传说山神的坐骑有三个，分别是老虎、白马、大象。更早以前，油米人还会在这一天牵上家里的牛马牲口，放到虎头山上，祈祷六畜兴旺、五谷丰登。杨多吉扎实东巴的腿不是很好，杨泽礼就把火塘边待客的坐毯放在马背上，给马精心打扮一番，让父亲骑马去烧香塔。杨德则扛着竹旗，领着弟弟妹妹们爬上山去。杨玛佐牵着还未上学的小女儿杨卓玛拉姆，杨卓玛拉姆穿着新裙子，因为年纪太小跟不上大人步伐。杨玛佐说："让你在家别来，你就是要来！"杨卓玛拉姆笑一笑，继续跟

图 9-7 杨多吉扎实骑马上山祭拜山神 / 梁海梅摄

着爸爸往前走。石农布牵着心爱的白龙马也来了。全村的东巴在烧香塔前一起念诵全本《烧香经》。仪式结束后，村民在烧香塔下方的水池旁分享美食佳肴，人们接过他人赠予的食物，互相敬酒。新的一年，油米人在节日的气氛中变得更加紧密了。

念诵烧天香的经文、掌握烧天香仪式是家户家长的必备技能。油米人每家每户的神柜里必有《烧香经》，每家至少有一位男性成员会念《烧香经》。每到年前，各家各户不太熟悉《烧香经》的男性成员晚上会带着经书去东巴家，坐在火塘边学习。新年初一至初五，家家户户早晨都烧天香。每一日烧天香的时间逐渐后移，到了初五，天亮后才烧香，祭十八尊神，这期间不能杀生。初六，村民带着炒制的麦子和麻，再次齐聚烧香塔，集体烧天香送山神，这也标志着初一至初五进行的烧天香仪式圆满结束。

三大家族宴请

初一在烧香塔集体烧完天香，人们开始串门做客。油米人会带上一圈猪膘肉、一截香肠、一块瘦肉作为一份礼品，先回老屋祭祖，再去其他家做客。石姓、杨姓、阿姓三个家族按照祖先来到油米的先后顺序，请全村人吃饭：初一石姓请客，初二阿姓和先到油米的杨姓一支请客，初三由后到油米的杨姓一支请客。现在村里人口越来越多，一天请不完，请客会延长到初四。请客的主人家备好牛角酒、自酿的苏里玛酒和白酒招呼客人。小孩子们作为信差，请客人来家里吃饭。从前，人们要把客人请到土掌房顶上，按照年龄大小并排坐着，饮酒高歌；现在多半是围坐火塘，把酒言欢。新年请客的这三四天，是村

图 9-8 油米全村齐聚虎头山半山腰烧天香 / 梁海梅摄

图 9-9 村民在烧香塔前跪拜山神 / 丁振东摄

图 9-10 篝火旁的联欢 / 秋笔摄

民间感情交流最深入的时刻。每家每户都有好酒好肉，主人家和客人们喝高兴了，晚上在路边星空下睡上一宿也是常有的事。

    初一到初三的晚上，是全村人围着篝火跳舞联欢的时刻。石家、杨家、阿家轮流主持晚上的篝火联欢。在石农布家门前，有一大块平整的空地，晚上村民都着盛装，成群结伴来到这里。石农布能歌善舞，是村里公认笛子吹得最好的。村民们围成一圈，石农布在队伍最前面吹笛，紧随其后的人们一会儿搭着肩，一会儿挽着手跟着音乐节奏跳起舞来，时不时还跟着旋律哼唱几句。石阿塔和儿子石杰龙都穿上藏式服装，跟着石农布的音乐节奏欢快地跳起来。年轻人喜欢快节奏，说："石爷爷现在吹笛的节奏有点慢了。"休息间隙，年轻人打开摩托车的音响，跟着轻快的节奏跳了起来。老人们坐在一旁笑眯眯地看年轻人表演。

新年初十敬河神

十二月初十，油米人在无量河边敬河神（摩梭语 han duo di wo），祈求财运。在旧社会，油米村没有来自政府的财政拨款和救济粮，村民依赖在无量河中淘金来换取生活中必需的盐和茶叶。当时的土司派油米人守卫边界，免除其金税，油米人得以依靠淘金维持生活。在初十这一天，二十八星宿中的首个星座"gua zi ka"（连起来像一只脚的六颗星）会来到油米的上空。无量河一带的摩梭人擅长占星，选择在这一天敬河神，寓意着新一年淘金开始。如今时移世易，淘金已成往事，敬河神祈求财运的传统却保留了下来。

无量河边敬河神的是各家的男性代表。他们个个背着背篓，装着烧香的物料、食材和炊具。阿公塔的背篓里装着女儿阿玉香成人礼时做的革囊，他打算在敬河神后用革囊渡河。从村里走到无量河边一路都是下坡，平时走的人少，杨生根独吉骑在爷爷杨博布的肩上，手紧紧抱着爷爷的头。

男人们下到无量河边后，先集体烧天香。大家纷纷从背篓里取出清

图 9-11 人们在河边用石头垒灶 / 田秘林摄

香木、柏树枝和松明,放到河边那块高高的大石头上,再从背篓里取出切成小块的猪嘴、猪耳朵、猪舌头、猪心,烧干净后拌进香面里,也放到大石头上,再放上洗干净的米、黄果、炒面。将天香点燃后,东巴们开始念东巴经。每家要派出一个代表向河里洒牛奶,以及撒前一天烤熟的玉米粒。

　　随后,同一个家族的成员坐在一起,用石头垒灶,生火做饭。他们还在石灶台旁烧乌木除秽,念诵《除秽经》。此时地里的豌豆尖刚好伸出头,炖完肉的汤煮上豌豆尖,就是让油米人久久不忘的美味。饭后伴着水声,在阳光下与兄弟好友喝上一杯自酿酒,然后躺卧在石头上,也是一番享受!若是当天有些家户不能亲自去到河边,也会准备好供品请亲朋好友带去河边敬河神。随着现在村里越来越多的男人外出务工，也开始有家中的女人代替男人去敬河神。

午饭后是男人们的欢乐时刻，有的人淘金，有的人挂上革囊开始浮水。阿公塔拿出革囊绑在胸前扑向河里，逆流而上，浮到对岸后再浮回来。大家坐在河边石头上观看呐喊，有的小孩忍不住卷起裤脚踏进水里嬉戏。油米人生活在无量河边，从前男人们几乎都会浮水，如果不会浮水会被笑话不算成年人，没有"穿裤子"。现在油米村外出读书和打工的人越来越多，由于法定节假日与本民族的节庆时间不一样，去河边祭河神的人比以前少了许多，会浮水的人也变少了。

图 9-12 阿公塔抱着用羊皮做的革囊准备下河浮水 / 梁海梅摄

妇女沐浴节

三月十三是油米妇女的沐浴节，传说这一天是七仙女下凡洗澡的日子。油米妇女带着女孩们下到无量河边，洗净身上的污秽，洗去身心的劳累。三月十二下午，妇女背着食物、炊具和被褥，带着女孩三五成群来到无量河边，住在河边的岩洞（摩梭语"chua mei a ku"）里，在河边一起享用晚餐。此时地里的蚕豆刚好成熟，妇女的背篓里都会背上自家种的新鲜蚕豆。杨嘎土带上了腊肉、鸡蛋、米、香肠、蔬菜、零食和饮料，还有一只活鸡。以前，鸡会由家里男人宰好再带过去。杨嘎土说："去到那里什么都不用想，好玩！"

三月十二的晚上是属于油米村女人的大聚会，她们唱歌、分享食物、聊心事。很多女孩也是在这个晚上学会唱摩梭歌曲的。三月十三的早上，她们欢呼雀跃地跳进无量河里洗澡。油米人认为，没有不污秽的东西，但污秽总可以通过某些方式去除，沐浴便是消除污秽的有效方式。对妇女而言，无论是生养小孩还是操持家务所产生的污秽，在这一天都可以彻底洗净，这既是尽情放松的方式也是对女性的慰藉。现在参加沐浴节的人越来越多，岩洞容纳不下全村的妇女，她们晚上休息的地方也慢慢扩大到了周围的其他区域。

杨嘎土的婆婆杨博米说："现在年轻人玩到十三的下午才回来。我们以前合作社的时候要劳动，十二的晚上去了，十三的早上回来挣工分。以前小伙子跟在妇女后面，在山上向河边扔石头，也是找伙伴的机会。"

图 9-13 油米村的女性背着美食和姐妹们去河边过沐浴节 / 丁振东摄

油米村的妇女主要操持家务、管理田地，很少出远门，家里的经济事务交由男人负责，所以读书机会也都让给男孩。1986 年国家颁布《中华人民共和国义务教育法》，当时的老师们为让村里适龄儿童上学费了很大工夫。有些家长说："就算你们把学校办到家门口来，我也不给娃娃读书。"孩子上学需要分给他们口粮、锅和行李，而如果不上学，家里就多一个劳动力。近年来随着优惠政策的普及，村里很多女孩也主动争取去读书，上学的女孩越来越多了。

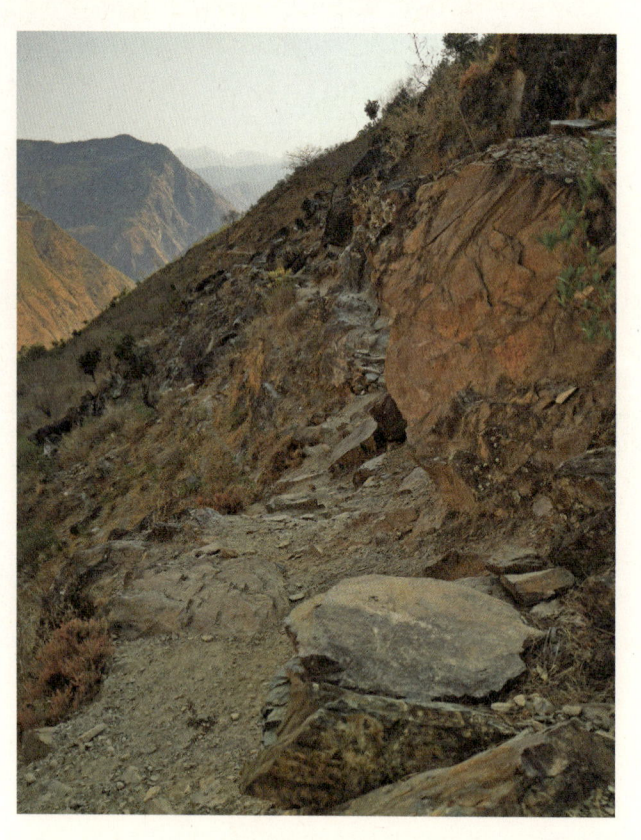

图9-14 图中为去无量河边敬河神、沐浴都要走的一条山路，这个岩石上方有个大岩洞，闹土匪时村民曾在此避难 / 丁振东摄

尝新麦、吃新米

四月初一尝新麦，十月初一吃新米，是用来提醒油米人要孝敬岳父岳母的节庆。《梭梭库》里有这样的故事，人类的祖先崇仁利恩与天仙女衬红褒白结婚时，天皇大帝送给他们所有庄稼粮食的种子和所有牲畜的畜种。他们带着这些种子和畜种回到凡间，男人搭帐篷，女人生明火，男耕女织，白天不招呼客人，晚上不招呼鬼怪。后来他们生了三个儿子，都不会说话。崇仁利恩为了找到原因，就让家里的狗和蝙蝠去天宫偷听。它们听到老婆婆在屋里炒糌粑，抱怨老头儿给女儿女婿念咒，老头儿说："在冬水还没下流时，拿新米来进贡。"崇仁利恩照做后，三个儿子都会说话了，老大说藏语，老二说摩梭语，老三说白族语。

油米村大春种水稻，小春种麦子。四月初一，麦子刚刚成熟时，油米人采割新鲜的麦子做粑粑，祭祀祖先并请家里的长辈来吃。还要杀一只小猪，带上一只猪腿和一罐黄酒，送给岳父岳母。十月初一，油米人采割新鲜的稻谷，祭祀祖先并请长辈来品尝新米。这次杀一只羊，带上一只羊腿和一罐黄酒，送给岳父岳母。杨文国说他的父亲即便是在病重时，也告诫晚辈不要忘了四月初一尝新麦和十月初一吃新米时孝敬岳父岳母。如今大春改为种玉米，不再种植水稻了，但油米人仍然保留着吃新米的习俗。

这一年十月初一，杨文国的侄女杨金桂做好粑粑，将它们放在火塘上的蒸格里，请来住在三叔家的奶奶石生根卓玛、姨妈阿甲阿玛和婶婶石巴米品尝新麦做的粑粑。她们三人经常一起放羊,感情很好。此刻,她们坐在杨金桂家的火塘边,边品尝新小麦边聊着农事。

七月十三转山节

　　油米人一年两度转山,分别在年初和年中。十二月十三转山代表摩梭新年结束,祈祷新的一年顺顺利利。七月十三转山,则是为下半年祈福。转山节是油米人的重大节日,外出打工的游子请假也要赶回来。假如上半年过得不如意,在七月十三这一天,全村人也会穿起盛装,妇女们精心打扮,集体转山感恩山神的恩赐保佑,带着新的愿望祈福。

　　虎头山被油米人奉为神山,人们认为因为有山神的庇佑,他们才能安宁地生活。因此,油米人非常重视对神山的保护,不去砍伐神山上的树木,虎头山的植被也就一直被保护得很好。《梭梭库》里讲了这样一个故事,从前有两弟兄,哥哥比较憨傻,整天挖地,把土地糟蹋得不行。弟弟崇仁利恩劝哥哥不要这样挖地,只要收获的足够两人吃就行。天皇大帝发现这一情况后,派神猪晚上恢复被挖的地。有一天晚上,哥哥发现了神猪,一箭把神猪射死了,还把神猪给吃了。结果天皇大帝发怒,发大洪水,哥哥被淹死,只剩下弟弟崇仁利恩一个人。东巴经里像这样劝诫人与自然和谐相处的故事还有很多,油米人传承着敬畏自然的信念。

　　转山节前有一系列准备活动。从七月初一开始,要准备捏面偶的香面，用洗干净的麦子、青稞、炒熟的玉米磨成粉末状混合在一起制成。七月十二，男人印经幡、缝制彩旗，采竹制作旗杆。经幡被印在布上或是红色、绿色、黄色的纸上，旗杆用新鲜的竹子制成。以前油米人前往加泽大山采山竹，如今通往加泽大山的路被封，就只采集自家种植的或是水龙附近生长的竹子了。妇女也在这一天准备转山时分享的食物，包括油炸粑粑、麻花、鸡蛋和肉。如果有的家庭杀猪节的猪肉已经吃完，通常会在七月十三前宰杀一头猪，准备一只煮熟的猪腿，在转山时分享给各家的老人和首次进山的孩子们。七月十三早上，家里的男人要用事先准备好的香面捏面偶，把酿造苏里玛酒剩下的酒糟、柏香以及香面混合起来，捏好面偶后点上酥油，打上记号，献给山神，祈求神灵保佑。

油米人对山神很虔诚，因此对仪式使用的物品和负责准备物品的人都有讲究：松枝要从干净的地方采来，食品的材料要干净，制作食品的环境要干净，食物要放在干净的盘子里分享。杨宝东细心准备着第二天转山要用的物品，妈妈阿甲阿玛精心准备要带上山的食品，她站在主屋门内看着儿子准备，不敢碰那些仪式要用的物品。转山的前一天，村民都要梳洗干净，杨多吉扎实特地仔细洗手、洗头，笑着说："把自己洗白了！"杨智带着弟弟杨义来到叔叔石文华家的水池旁洗澡，杨生根独吉也在一旁嬉闹观看。

转山节当天，村民都盛装打扮，先去家里屋顶的烧香塔边烧天香边念东巴经《祭祀吃素的神仙》，再从家里出发沿顺时针方向往山上走。男人扛着竹旗，大人牵着小孩，老人骑着马，狗跟在主人后面，转山的

图 9-15 虎头山顶的仪式 / 丁振东摄

路上排着长长的队伍。大家早早出发，都想第一个到虎头山烧第一炷天香。走到虎头山的半山腰上，人们开始烧乌木除秽，围绕乌木顺时针转三圈，除去不干净的东西。当有东巴经过时，人们要念东巴经。当人们走到虎头山顶，仪式就开始了。东巴们先用杜鹃的枝丫和香放在一起烧，进行除秽仪式，然后摇板铃、吹海螺、念东巴经，呼唤神灵，让他们不要干涉转山。接下来，东巴制作面偶、献经幡、挂彩旗、拉彩线，村里的小伙子堆松枝、撒香面、洒牛奶，把面偶顶过头顶，献给山神。

而后，村民全体起立，摘下帽子，开始烧天香。东巴的板铃声、诵经声、海螺声随即响起，村民祭祀山神并祈求保佑。各家族还要分别在烧香塔下方烧一小堆火，各自围着火堆站着祈福。烧天香的过程

图 9-16 杨多吉扎实东巴为人们抹酥油祈福 / 丁振东摄

持续一个小时左右,这是转山节最核心的环节。快要结束时,人们开始围绕烧香塔顺时针转圈。大烧香塔后面有各家族用石头垒成的小烧香塔,人们向烧香塔撒粮食,到各家族的烧香塔前烧香磕头,再回到大烧香塔前。大东巴杨多吉扎实给每人的额头上抹酥油,这意味着山神将保佑他们健康长寿、顺顺利利、兴旺发达。

人的魂魄不能留在山上,所以仪式结束后需要吃点东西、喝点酒,停留一段时间好让魂魄回到自己身上。在大烧香塔的下方有一块平地,那是用来吃饭的地方。各家各户都有特定的吃饭位置,从很久以前开始,这些位置就没有变过。吃饭时,人们先给老人敬酒,妇女托着干净的盘子分享精心准备的食物,尤其要分享给老人和小孩。吃完饭后,村民从另一条路回家。以前转山走的路更远，在半路休息时大家会继续分享食物和美酒，喝得高兴时醉醺醺地回去也是常事。现在，村里打工的人越来越多，为了赶时间，走的路近一些，半路停下来休息的比较少。人们一般中午就回到家里，有的人甚至回家后就直接出去打工了。

杀猪祭祖

十一月初八、初十是油米人杀猪祭祀祖先的日子。初八杨家杀猪祭祖，初十石家和阿家杀猪祭祖。这一天，在外打工的油米人都要赶回来，人不能忘祖，要回家过杀猪节。从前，每家会早早挑出猪圈里养得最大、最好看且已经阉割的母猪，在杀猪节那一天宰杀来祭拜祖先。在宰杀并清理猪毛后，油米人会把猪扛到老屋前供奉祖先。尽管石生塔家早已从油米村搬到落科村，但他们还是会在每年的杀猪节扛着猪回到石家老屋来供奉。后来，祭祖使用的猪由原来的大猪改为小猪，再后来改为用猪头祭祖，"文革"前又改为用一块猪肉祭祖。"文革"时期，这样的集体活动被取消。直到1999年丽江举办了东巴文化艺术节，把油米的老东巴请过去参加，东巴受到鼓舞，慢慢开始有意识地恢复杀猪祭祖的集体活动和东巴仪式。

杀猪节时，分三次祭拜祖先。将猪捆绑好时，第一次祭祖；猪被分解后烧猪里脊，第二次祭祖；猪肉煮熟后，第三次祭祖。杀猪节这一天，女婿要带上酒、茶叶以及黄果或梨子等水果去岳父岳母家帮忙。如果有事不能去，需要提前跟岳父岳母沟通，但送去的礼品不能少。

图 9-17 杀猪节制作的猪膘肉 / 梁海梅摄

杀猪后制作美食和准备过年礼就是妇女的拿手戏了。她们用猪的各个部位制作各种易保存的美食，有米灌肠、灌猪脚，还会把米粉、小麦粉和荞麦粉等制成的食物灌入猪心、猪肺、猪肝，然后将各类传统美食挂在横梁上，尽显富贵之意。杀猪后的第二天，主人家会请来邻里、亲戚和朋友，用黄酒、米灌肠、新鲜的猪肉待客，把离家近的舅舅、孃孃、岳父岳母等长辈都邀请到家里来品尝。长辈离开时会带走一截米灌肠、一块瘦肉和灌好的猪心肺肝。回到家后，他们会把这些食品放在锅庄上，烧香敬锅庄、敬祖先。离得比较远的亲戚，如果不方便过来，都会请人捎一份见面礼（摩梭语 pang ba）过去，不管多远，这份礼都必须送到。杨多吉扎实说："礼轻情意重，可以有来有往。"通过这样频繁的礼俗交流，油米人紧紧地联系在一起。

文 / 田秘林

第十章
东巴什罗

东巴教的祖师名为东巴什罗,东巴经记述了东巴什罗的传说。相传什罗是从母亲的左腋下出生的,妖魔知道他将成为伏妖降魔之神,于是在他出生不到三天时便将他掳走,放入一个有 8 对提耳的巨型铜锅中煮了三天三夜。待妖魔将铜锅打开,只见什罗毫发无伤,汗水似玉露般淌下,并且竟可自己从锅中走出……后来,什罗到天宫十八层的锦缎房中学经修行,降临人间降妖除魔,并将自己的本事传授给人间的弟子……他的众多后辈弟子遵循他的教诲,为人们消灾解难、驱鬼祈吉。

仁以爱人

在摩梭人的一生中,从一出生的测算方位、选定名字,到 13 岁的成丁礼,继而到缔结婚姻,最终面对死亡,所有的节点都有相应的仪式,所有仪式都由东巴来主持完成。各种社会生产活动也都与东巴教信仰息息相关,如砍树伐林、开沟挖渠、开荒劈石、放养牲畜、种植作物，都要由东巴主持来祭祀诸多自然神；盖房前，要请东巴看卜书推算良辰吉日。在诸多仪式活动中，东巴扮演了人和神的中间人，教导人们对自然心存敬畏与感恩。在油米人看来，日常生活中的病痛、灾祸往往是因为有鬼作祟（少部分情况是因为触犯神灵而受到了惩罚）。一年中，每家每户要做的消灾仪式都是在东巴测算好之后进行的，东巴会在灾祸病痛到来之前与鬼"谈判"，以免除灾祸，安抚人心。所以东巴自小就需学习宗教经典、练就技艺，从而通灵驱邪、为民解难、抚慰老小，维系家户族群。

图 10-1 杨氏家族东巴名谱。共 16 代 27 位东巴：那本布—英支甲，英支布树—布不嘎—布汝塔—古玛—嘎左—格果—果布—哈巴甲—哈巴左—英之塔—麻尼瓦，嘎左—依下塔，波布独吉，独吉次尔，嘎土汝—古玛佐，英支塔，阿子尔—格果，多吉扎实，玛佐—布里，那本，泽礼

第十章 东巴什罗

图 10-2 阿氏家族东巴名谱。共传 6 代 11 位东巴：古玛次尔—公布，阿加—独吉扎实，格公塔，甲初独吉—科左里—独吉次尔，哈巴次尔—公塔，泽里

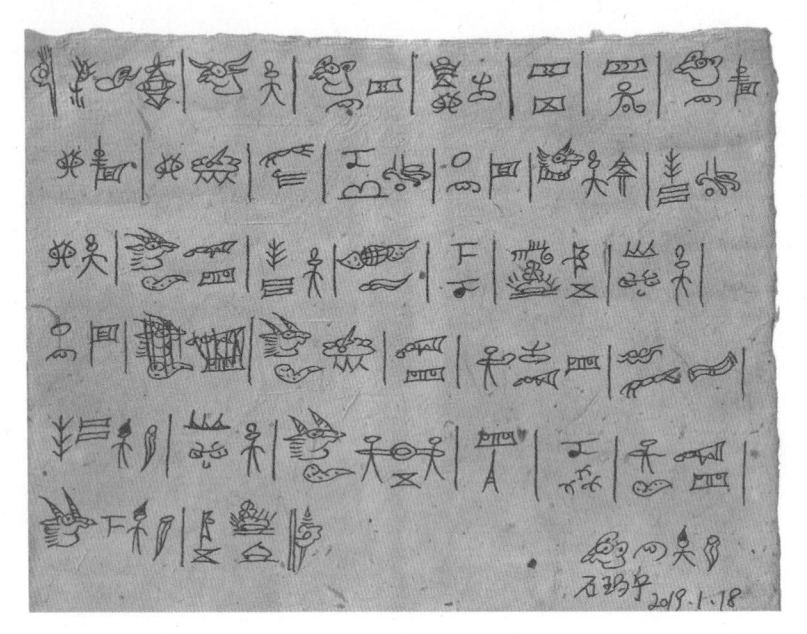

图10-3 石氏家族东巴名谱。共传21代34位东巴：拉多—佑左—古玛吉—哈巴布—吉泽—佳阿—古玛嘎—巴嘎—巴甲，公撒—男波甲，古玛嘎，棵佐塔—生根佳—巴若—英之次尔，生根茸，多吉—祥纳，松农扎西，米念若，古玛嘎—英之佳—次尔，波布次尔—吉果品，生根独吉—米念若，英之扎实，尔车，那本—英之次尔—玉吓多吉—扎西农布

每一位东巴都是家族东巴文化的传承者，他们从出生那一刻起就是被选中的"不一般的人"。东巴在收徒、选择衣钵继承人的时候会考虑候选人的出生方位、出生月份的属性、属相的属性并进行占卜，测定他是否具备成为东巴的先天特质。人们认为，这种特质会伴随东巴的一生，直至去世，通俗来讲就是"命要硬"。一方面，东巴需要在一生中做大大小小数量惊人的仪式，仅油米村83户村民一年要举行的仪式数量就超过400个，而仪式多是和鬼神打交道，这自然对东巴的意志品质、心理素质提出了要求。另一方面，东巴在做法事的

过程中需要奉献牲礼,而处理活牲需要东巴在仪式的特定环节亲自操刀,并且东巴教有血祭的传统,被宰杀牲畜的血用于仪式活动中,因此大多数消灾仪式都是"血淋淋的"。油米人认为这些仪式活动会妨碍到一个特质不足的人的生命,并且特质不足的人也无法保证仪式的预期效果。因此,那些"命不够硬"的人注定无法成为东巴。与此同时,一个人从开始学东巴的那一刻起就注定了自身的与众不同,而最终成为一名东巴,还需要孜孜不倦的学习。在家族意愿和自身意愿的双重作用下,顺利举行过成丁礼的男孩在被东巴选中之后就可以正式开始学东巴。继承衣钵,首先要举行特有的"唤醒"仪式——降威灵,这既是拜师仪式,也是学东巴的开始。

拜师那天,徒弟在自家房顶上先烧一炉香,这时师父会念经书《降威灵》,念完后,徒弟要给神灵和师父磕头。拜师后,徒弟开始跟着师父学一些简单的东巴经和仪式规程。之后比较重要的是拜师学神舞。油米人学神舞一般去油米附近的松子坪,徒弟要带上一只公鸡。准备开始学神舞时,要杀一只公鸡,喝鸡血酒,然后徒弟跟着师父跳上一整天的神舞。这些神舞通常是模仿动物的体态来跳的,在东巴做法事时必不可少。成为东巴的特质不仅会在仪式中被唤醒,还会在传承中被肯定、被强化。村民在降威灵仪式后逐渐产生对新东巴的认同,这种认同随着新东巴的成长而不断加强。

东巴的学习之路十分艰苦。首先是语言,优秀的东巴需要掌握上千本东巴经书,很多时候,仪式中经书的语言已经完全无法被仪式中的其他参与者理解。其次是舞蹈——东巴拟兽舞,同样有着类似的不可移易性。越是高度形式化的象征语言，越与表达者脱离关系，也跟时间、空间脉络脱离关系，从而丧失了选择性、随机性、偶然性。东巴舞必须经过长久练习才能被掌握。东巴通过在仪式中展现这种特殊的技艺，将自身和普通村民区分开来，这是长时间的学习体悟与高强度练习的结果。

从拜师学东巴到坚持成为东巴也是不容易的。学东巴时，白天要下地干活，下午六七点的时候，结束一天的劳动，再拿着一把松明到师父家学东巴。杨给苴10岁开始跟着石玉吓学东巴，已有30余载。13岁开始，他还要外出打工挣钱养家，伐过木，淘过金，修过公路，包过工程。这样既打工又学东巴很不容易，因为他要负起家庭和做东巴的两份重任。随着年龄增大和亲人离世，杨给苴肩上的担子更重了，但他从不后悔自己做东巴的选择。石玛宁15岁时在父母的安排下正式拜石玉吓为师。学东巴辛苦，占用了大部分时间还没有收入，年轻的石玛宁心中委屈。21岁时他也开始外出打工，但他没有忘记作为东巴的责任。现在的石玛宁已经是油米村石家资历最深、威望最高的东巴，还收了落科村的石农布独吉为徒。石玛宁也是家里的顶梁柱，女儿和儿子正在读小学，家庭负担重，村里需要主持仪式的应达（主家）又多。在家庭与东巴的责任间，他需要不断寻找平衡。阿泽里是在12岁时拜石玉吓为师的，同样在外出打工与返乡做仪式间奔波着。杨布里2001年拜石玉吓为师，出师后，他又收下侄子杨克佐为徒弟。虽然生活艰难，但新生代的东巴仍在学习与传承中享受着东巴文化带来的精神滋养。石玛宁说："有东巴文化的地方吃饭才香。"阿泽里也曾坚定地说道："东巴是生活也是信仰，信了就要（一直）信。"

油米村的仪式按照功能分为两个大类：祈福和驱鬼。在信奉万物有灵的油米人看来，神和鬼都是精灵，二者能力有别，对人会产生不同的影响，但并无善和恶的区别。因此东巴在通灵的过程中，不会因善恶对立而将神鬼对立，这就可以解释为什么同一个仪式中，不论是祈福还是驱鬼，神和鬼总会在同一场合下被召唤出来，只不过人对它们有不同的要求。而将神与鬼召唤出来的人正是东巴，东巴在仪式中会依据通灵对象来进行下一步仪式，以期实现对神和鬼的不同诉求。神和鬼的同时出现，实际上就已经将神鬼的完全对立打破了。在同一个场域下，既有对神的崇拜，又有对鬼的驱赶，而东巴既扮演了请神祭司的角色，又扮演了驱鬼巫师的角色。东巴作为纽带梳理了人、精灵和自然界之间的关系。既维系了此世的关系，又为此世的未来描绘出美好图景。东巴在仪式中传递着一种民族精神——崇尚自然、珍惜此世、包容万物，并以此教化村民，指引他们走上人神共居、安宁康乐的生活。

仁者东巴

东巴是仁者，其天职是维护村庄团结安定，他们不计报酬，舍弃自己的正常生活，奔忙于各家各户的仪式中，为村民通灵祈吉。仪式中，东巴盘腿危坐，常常诵经作法数小时，为这个家庭祈求平安幸福。

如果你在油米村寻找一位东巴，他若不是在操持仪式，那便是往返在做仪式的路上……油米村依山而建，随着村落的发展，住户越来

图 10-4　大东巴杨多吉扎实为东巴文化的传承做出了卓越贡献 / 秋笔摄

越分散，有时从下村去上村做仪式，路程就要半个多小时。东巴和助手背上厚重的经书和纷繁的法器在曲折的山间小路攀爬行走，这就是东巴的日常。油米村各家族的东巴传承从未中断，他们既是油米村的法师，也是家族发展的传承人和见证者。根据杨多吉扎实、阿公塔、石玛宁三位东巴的口诵与书写，可以整理出油米各家族历代东巴的名谱。这些东巴一代一代传承着守护家族、守护油米的职责。

三大家族在东巴传承上相互借鉴学习，没有界限，以资历丰富的精通者为尊，称大东巴。比如石姓东巴石玉吓，他在同辈东巴中资历最深、技艺最精，所以各家族的东巴候选人多会找他拜师学艺。前文我们提到他的徒弟，包括现在油米村三大家族的四位东巴：石玛宁、杨给苴、阿泽里、杨布里。还有大东巴杨多吉扎实，他的三个徒弟分别是大徒弟阿公塔，二徒弟杨玛佐，小徒弟杨泽礼。对于徒弟，师父总会倾囊相授。大东巴既是家族的支柱，又是村里的英雄，能驱走豺狼虎豹、凶神恶鬼，还是村里的能工巧匠。在徒弟眼中，他们是慈祥的长辈、严厉的师父。成为像师父一般守护村庄的英雄是每个刚成丁便入门的东巴小学徒的心愿。

东巴热爱这片土地，热爱这里的生活，热爱这里的民众。他们自13岁开始学东巴，体悟东巴经中的处世之道，奔走于村落、家户之间，守卫东巴尊严，守护生活的家园，直至生命的终结，而后将使命交给自己的徒弟，使薪火代代相传。历代东巴的名谱不仅是油米村历史的见证，更是仁者的传承。

东巴经书

油米村家家户户的神柜里或阁楼上都存有东巴经书，多则百本，少则三五本。村里成年的摩梭男子基本上人人会念《烧香经》。东巴经书和一般我们所理解的其他宗教经书有着明显的区别，它是当地人的"圣经"和"百科全书"，完全使用象形文字——东巴文来书

图 10-5 抄写东巴经 / 秋笔摄

写。一个个神秘的象形符号组成一部部经书，诵读经书，就像聆听祖先的教诲，经书不仅记载了民族的历史、祖先的迁徙，还传达着先辈对天地万物的感知和认识。从这个意义上来讲，东巴经书是珍贵的文化遗产，是今天研究纳西族、摩梭人的语言文字、社会历史、文学艺术、宗教民俗、天文历法、宗教思想以及民族关系等不可缺少的重要资料。

手持一本东巴经，就是手捧一部厚重的史诗。每一本东巴经书长23~29厘米，宽8~9厘米，经文从左到右横写。在油米村，经书一页有三行或四行，每一横行一般由三条直线分段成四小格，区别于纳西地区用两条直线分成三小格的书写方式。写经书所用的东巴纸，是用一种本地木本植物的外皮手工制作而成的，属于厚棉硬纸。传统写经书的笔是东巴们自己削的蘸水竹笔，墨汁是用锅底油或者松明油拌入少许胶水和猪胆汁制成的。分散在家户中的东巴经书，一般用木板做的书夹夹住，再用麻绳或牛皮带捆扎，最后在木板外层插上一个木楔子加固。经书的首页，往往绘有与经书内容相关的人物彩色插图，封面则用八宝图案来装饰，并用东巴文写上经书的名字。

东巴经除记载迎神驱鬼、祈福求寿、消灾消难等内容，还记载了大量的纳西摩梭古典文学作品，包括神话故事、叙事长诗、谚语歌谣等。神话中最著名的是创世史诗《梭梭库》。

众所周知，许多民族都有关于创世的神话和故事。这些神话和故事往往与这个民族所处的地理环境和民族的历史演变直接相关，既能集中反映民族的历史传统，也最能突出地表现民族的文化特点。史诗《梭梭库》就是这样一部经典作品，它的内容主要是描述万物起源。

《梭梭库》中关于万物起源是这样描绘的：远古时代，宇宙混沌不清，在万物未出现之前，世界仅有天地、日月、星宿三样事物隐隐约约的影子，此后由这三样化育成九种，九种化育成万物。万物有真和不真，有实和不实。《梭梭库》不是把万物起始简单地归结为由某个神或是上帝创造，而是把万物的生成看成真假、实虚、声气、黑白、善恶等形体相互感应变化的结果。《梭梭库》中关于开天辟地的描述，也与汉族神话中的盘古开天辟地、女娲炼石补天的故事大不相同：最初由盘拉神九兄弟做开天师，他们先学做巧工匠，掌握本领，而后才开天辟地。他们用白色的海螺柱、绿色的松石柱、黑色的洛玉柱、黄色的黄金柱和白色的大铁柱，竖向顶住东、南、西、北和中央的天地，又拿松石补天的缺口，用黄金填地的凹处，天变得牢靠，地也平稳了。但是，神鸡"恩余恩麻"下的最后一个蛋，用冬三月的白雪、春三月的和风、夏三月的黑雨、秋三月的黄土都孵不出来。于是天师把它扔在大海里，左边刮起白风，右边刮起黑风，海面随风摇荡，蛋随

图10-6 杨多吉扎实在藏经阁整理东巴经书／孙庆忠摄

海水漂荡，撞在岩石上。岩石闪火光，蛋裂震天响，孵出了一头大魔牛。魔牛角大顶撞天，蹄重踩陷地，毛多与草混长。东神和色神们为了使天地间得到安宁，趁魔牛出来吃草，用神斧砍牛角，宝刀斩牛腿，剪牛毛。魔牛吼声震天、喘气动地，天又震荡，地又动摇起来。于是男神和女神、智者赶紧商量，动员所有的力量，用黑石和黑土砌后山，白银和黄金砌前山，宝石和珍珠砌左山，海螺和珊瑚砌右山，用风造山顶，用柏树做脊梁，用岩石镶山腰，建造起巍峨壮丽、镇地顶天的居那什罗山，并派神马、虎、豹、狮、象和大力神等来守护……这样开天辟地最终告成，万物欣欣向荣地生长。《梭梭库》对开天辟地过程的描述表现了摩梭人丰富的想象力和智慧，以及齐心协力、百折不挠的战斗精神。

东巴经不仅是东巴操持仪式的宝典和规范，也是家家户户必需的仪式用品。诵读经书必须虔诚，东巴在仪式中以诵错经书为禁忌。一场大型仪式，可能会用到上百册经书，仅诵经就可能要持续几个日夜。经书贯穿了油米人一生的重要节点，深入油米人的日常生活，在岁岁年年的循环中陪伴他们走完一生。我们可以从另外几部常见的经书来了解东巴经书对油米人的意义。

《烧香经》

这本经书主要用于油米村的摩梭新年。在新年的第一天，公鸡打鸣，每家每户的男主人都要在自家的火塘边、屋顶的烧香塔诵经烧香，祭祀赐给家户福泽的各方守护神。经书的内容也是在讲述迎请众神降临神坛，享受人们的供养，接受人们的祭祀。经文对神进行了热烈的颂赞，表达了当地人对神的真诚敬仰和对美好生活的向往。因此这本经书每家都会有，每个成年男子都要学习诵读，是一部对所有油米人来说都很重要的经书。每到摩梭新年的前几天晚上，东巴家的火塘边都聚集了前来学习《烧香经》的男子。他们盘腿并排坐着，手捧经书，听着坐在火塘另一旁的东巴解释经书上东巴文的含义。火塘里铁三脚架上的烧水壶一直不停地冒着热气，而他们就像要守住火塘里的火一样，不让东巴文化在自己的手里熄灭。

《祭水源经》

署，泛指司掌自然界各种事物——山川、河流、飞禽、走兽和树木等——的精灵。油米村方言称祭署为"吉柯补"，即"祭水源"。《祭水源经》的经文讲述了人与署为同父异母的兄弟，因有着不同的生活方式，协议要分家，划分畜与野兽、村庄与高山、田与荒地。大部分的山川河流与兽类被署分去，只给人类留下极少的田地和家畜，导致人类无法生存。人类迁怒于署，在大地上开荒播种，杀死树上的蛇，打死沟中的蛙，污染水源，放火烧山……东巴什罗作为人类与署的中介，劝说人类不可无节制地索取，署也要给予人类生存的必要资源。经调解后双方立下合约：人类房屋不够可以上山砍树建房，家畜不够可以打猎，田不够可以开垦荒地，等等。署要给予人类所需的一切，从此人类与署得以和睦相处。在祭署时，主人家按人类与署的约定，手持法宝、如意结、法轮、莲花，拿着纯净的面粉、酥油，向署神祈求福泽富贵。署神必须遵守约定，给予足够的资源来满足人类的需求；主人家则获得福泽与子嗣，富贵强盛，一年里平平安安。

《祭祖经》

摩梭人信仰胜利。《祭祖经》讲述摩梭男性先祖的雄壮威武、女性先祖的手巧能干,而先祖的才能技艺传授给后辈并永远地传承下去,这在摩梭人看来就是一种胜利,油米人也因此尊称祖先为胜利神。摩梭人认为万事万物都是在传承和相互成就中达到"胜利"的境界。这本经书也是油米村三大家族的家谱,记载了达成"胜利"的历代先祖的名字。祭祀先祖,诵读历代先祖的名字,让他们接纳子孙的供养,在天堂祖居地保佑后代无痛无病、健康长寿,生活顺意美满。这本经书会在每年石家祭祖(六月初十),杨家(十一月初八)、石家和阿家(十一月初十)杀猪祭祖,以及丧葬仪式中的祭祖环节使用。

《除秽经》

顾名思义,《除秽经》用于在各种仪式和节日庆典之前,除去身上和周围的污秽与不洁。这种污秽不仅是感官上的,而且是观念上的,这是油米人独特洁净观念的体现。除秽要制作火堆或火把,点燃乌木、清香木的枝叶,熏除各方位的污秽。熏秽之后还要赶走秽鬼,砍断秽鬼的来路,关上秽鬼途经的大门,并且祈愿今后不再出现由秽鬼作祟带来的凶相和危害。这本经书用于所有祈福类仪式开始之时。

《燃灯经》

《燃灯经》也被当地人称作《点灯经》。这是祈福仪式正式开始后需要吟诵的经书。经书的主要内容为点灯的规程和寓意:点上象征健康长寿的油灯,希望人可以获得千年的寿岁,家畜能获得百年的寿岁,去世的人在天堂安息,各路神明把福泽恩赐给子民。点燃油灯是神圣的，不能出现失误：火焰不能太红，灯芯不能太长也不可弯曲，不可发绿也不能发黑，油要像镜子一样晶莹发亮。这增加了对油灯制作工艺的要求，油灯燃起的一刻，神明降临，凶鬼退去；人们祥和安乐。

《净水瓶经》

在油米村，家户主屋火塘边的神柜上，往往摆着一个盛水的宝瓶，水需要定期更换，并在瓶中插上松枝、柏枝。《净水瓶经》叙述了净水瓶中净水的来历，以及五色净水瓶中的水怎样清洁五个方位的不洁。在诵读完《除秽经》之后便要诵读这本经书，诵完再用净水瓶里的水洗头、洗手、洗身。此外，在当地的婚礼仪式中也会用这瓶水来为新人洗去一切不洁的东西，希望新婚夫妇开启幸福美满的生活。

除了上述几种最为常见的经书，还有很多和各种仪式匹配的经书，体系繁杂。东巴经书不是脱离日常、不食人间烟火的天书，而是先辈总结的实践宝典，对这样一部部代代流传的"生活指南"，所有油米人都心生敬意。

东巴法器

东巴法器是对做仪式时使用的器物的统称。每件法器都有各自的宗教含义，有的法器兼有数种用途。东巴经书对于具体仪式中使用法器的数量和样式是有规定的。譬如，在丧葬超度仪式中，铁冠帽、白披毡和东巴法杖是主祭大东巴的专用法器，五幅冠、牛皮鼓、板铃、

图 10-7　杨多吉扎实东巴在招魂仪式中手持宝剑法器 / 丁振东摄

手摇鼓是助祭东巴用的法器，而一般的东巴只是使用号角、锣等法器。

在油米村的仪式中常使用的法器按照使用方式可以分为以下几种：吹奏法器，如白海螺、牛角号等；击打法器，如牛皮鼓、板铃、手摇鼓、铜钹、铜锣等；穿戴类法器，如铁冠帽、五幅冠、各种披毡等；手持法器，如法杖、宝剑、钩镰刀、匕首等；还有摆放布置类法器，如超度逝者时必需的《神路图》、消灾仪式中的镇妖宝塔，还有净水瓶等需要在仪式环节摆放设置的法器。

在不同的仪式里，法器的功能也不同。例如，在丧葬超度仪式中，主祭东巴持法杖，其功能是降魔镇鬼和超度亡灵；助祭东巴使用手摇鼓、板铃，其功能也是祈神镇鬼，吹奏白海螺表示圣洁。而在消灾仪式中使用海螺、牦牛角，其功能在于喊鬼；东巴跳乐舞时，牛皮鼓主要起控制节奏、烘托气氛的作用。在祭风仪式中，东巴多为默念，向神灵许愿。

白海螺

这是油米村最常见也最重要的法器之一，以光滑的厚质白海螺为器体（东巴们认为这种白海螺来自印度洋），平时作为神器被供奉在神柜上。制作时只要在白海螺尾端磨开一个吹口就行。白海螺依螺口方向不同分为左旋螺和右旋螺，左旋螺为"公螺"，右旋螺为"母螺"。

图 10-8 白海螺 / 丁振东摄

图 10-9 杨多吉扎实东巴在仪式中吹奏白海螺 / 秋笔摄

吹奏时，一手拇指在外，四指伸入螺的开口，握住螺身，另一手在一边合握，口对螺尾吹气，白海螺随即起鸣。白海螺主要是在东巴举行祭仪，请神、谢神和送神时使用。在东巴看来，白海螺代表神圣、纯洁。在仪式的特定阶段，往往是通灵——与神鬼进行交互活动的阶段——开始与结束时，由东巴左右手各持一只白海螺，鼓足气吹响它们。白海螺发出的声音低沉绵冗，持续的低鸣声给人以最为直观的冲击和牵引，仿佛将人带向远离世俗的精灵世界。不管成丁还是未成丁的男性,总会好奇自己能否吹响白海螺。他们会在仪式过程中,尽力吹出声音来,有时候还与伙伴讨论如何才能吹出好听的海螺声。

此外,油米人认为白海螺还携带某种征兆(往往是不好的),能够预言俗世生活里即将发生的不幸。大东巴杨多吉扎实讲道:"母亲去世的那一年,我家里白海螺的顶部出现了血红色的斑纹,我当时就知道家里会有人运势不好或者离开我们。这种红色斑纹同样出现在了我三弟家的白海螺上,不久母亲便离世了……"这种征兆揭示某种命运,让油米人相信所谓的不幸也是既定的安排。因此,当不幸来临时,伤痛也会因为早有心理准备而有所减弱。

牦牛号角

牦牛号角用牦牛角或犏牛角制成,将牦牛角或犏牛角的尖端锯去一小截,做成吹口即是,主要用于喊鬼和驱鬼的仪式中。吹奏时,手拿号角,吹气即鸣。牦牛号角是一种较原始的吹鸣器,原本主要用于放牧和部落聚众,这也说明油米村的摩梭人可能是古羌人的后代。东巴《神路图》中绘有东巴什罗弟子吹角的形象,是东巴吹角的客观写照。

油米人认为,用特殊材质制成的号角会有特殊而强大的法力。大东巴石玛宁家中就珍藏了家族的一个珍贵号角,它是用一位不幸淹死的年轻女子的小臂骨制成的。相传,石玛宁爷爷的爷爷也是一名东巴,在超度这位溺亡女子的通灵过程中得到了该女子的遗愿,她希望自己能够化身成骨号,惩戒夺走她生命的凶鬼。根据女子灵魂的提示,东巴找到了火化后她的一节小臂骨，制成了这样的一件法器，用于驱鬼镇鬼，代代相传。

牛皮大鼓

经书中记载，牛皮大鼓是东巴根据神谕制成的。它的声音不仅能够通神，还象征将神谕传达给听到鼓声的每个生灵。制作牛皮大鼓须用柏木等薄木片弯成圈框，或掏空圆木，两面用牛皮蒙住，缝合于圈框上。圈框上下两边各钉两个钉钩，系两根绳子于钉钩上，作为提绳。鼓面直径一般有40厘米左右。两侧会系上牦牛的鬃毛。牛皮大鼓是油米村东巴的重要法器，在重大的祭祀仪式、请神禳鬼和丧葬仪式中

图 10-10 东巴手持手摇鼓和板铃 / 秋笔摄

均有使用。在开坛请神、诵唱重要经书、跳东巴祭祀舞时，它被用作主奏或伴奏乐器。

板铃

板铃用黄铜制成，有浇铸和打造两种制作方式，依其形体大小分为大铃、小铃。铃面的中间一圈，一般有表示八方的八宝纹饰或条纹，但也有一些无此图案。铃心有孔，里外两面各有穿孔的牛皮圆垫片，牛皮带子穿系孔中，里面加串一个厚3厘米左右的铜垫或木垫，摩梭语称"什罗孜股"，意即祖师东巴什罗之座位。在铜垫或木垫上系一牛皮带子，末端系一个3厘米左右的圆木节铃槌。铃孔外面（铃背）的牛皮带子为手持处，系有五色布带和鹰爪、白鹇鸟脚、岩羊角、麂子角、獐牙等物。东巴在使用板铃时，左手持系带，左右摇摆，铃槌击铃面发声。板铃广泛使用于东巴教各种祭祀仪式，在祭祀乐舞中，东巴左手持之，摇动起舞。

手摇鼓

手摇鼓亦名手鼓、拨浪鼓。制作时，先用薄的柏木片弯制成圈框，将一根木节作为手柄安在圈框上，然后蒙上牛皮或羊皮，再在圈框的左右各安上一个小扣钉，小扣钉上各系一个皮条结子。东巴在使用手摇鼓时，右手持木手柄，左右摇动，皮条结子的鼓槌击打鼓面发声。手摇鼓也是东巴教重要的法器和乐器，普遍用于东巴教各种祭祀仪式。跳东巴舞时，右手摇动手摇鼓起舞。

东巴经有专门的经典讲述东巴法器，特别是关于牛皮大鼓、板铃

图 10-11 东巴法器 / 丁振东摄

和手摇鼓的来历。板铃代表日，左手持之；手摇鼓代表月，右手持之。东巴以日月之威力镇鬼压魔。在跳东巴舞时，牛皮大鼓是总指挥，东巴左手持板铃，右手持手摇鼓或长刀（长刀多用于开路驱鬼），按牛皮大鼓的节奏声起舞。牛皮大鼓、板铃和手摇鼓是油米村东巴的三大法宝。

东巴法器不仅在仪式里必不可少，也是家族传承的见证。传承的法器寄托着先辈的意愿和期盼，本身是有温度的。杨玛佐东巴有一串念珠是他小舅舅送给他的：在得知杨玛佐要学东巴之后，小舅舅毫不吝惜地将这个传家之宝赠予杨玛佐。小舅舅说，这串念珠是几代之前的先辈做东巴时留下来的，一直没有发挥用途，现在家里终于又有后代学东巴了，是时候发挥它的真正功能了。他希望杨玛佐好好学东巴，将它发扬光大。这样的故事在油米村有很多，用着先辈传下来的法器，带着一份嘱托和一份期盼，温暖着每一位东巴，也温暖着每一个油米人。

东巴舞蹈

东巴舞是仪式中的一个环节,有镇鬼开路的功能。东巴跳东巴舞时须戴五幅冠,头插鹰羽,颈挂佛珠串,身穿燕尾袍,腰系彩色带,脚穿云头靴,左手摇板铃,右手持刀(或手摇鼓、马锣),再配以牛皮大鼓、锣等法器。

油米村保存着一本东巴舞谱,存放在杨多吉扎实东巴的神柜内。东巴舞谱通常与其他经书一并存放于神柜内,一般情况下不会轻易请出,只有在大东巴教授弟子时才取用。在油米村,东巴舞只能在丧葬仪式中跳。如果在日常生活中跳东巴舞,则被视为不祥,会给村落带来灾难。所以,油米村东巴会选择离村落较远的树林传授东巴舞,并在学习之前杀鸡敬神,举行降威灵仪式。之后,大东巴将从家中神柜内请出的舞谱放置在一块洁净的石头上,按照舞谱上记载的舞蹈顺序及提示性文字来教授学徒。杨多吉扎实说:"之所以将舞谱放置在干净的石头上,是因为舞谱是祖先传下来的,有神性。如果直接放置在地面上是不洁的,是对神和祖先的亵渎。所以要在舞谱和地面之间隔一样东西。除此之外,任何人都不能从舞谱之上跨过,否则会被视为不祥。"东巴舞学习结束之后,杨多吉扎实会将舞谱与其他经书一并小心翼翼地放回神柜中,并在神柜前点燃三支香,以示对神灵和祖先的答谢。丧葬仪式中,东巴要请神驱鬼、送魂护灵,要将东巴舞熟记于心并全身心地投入角色,"活灵活现"地将角色呈现出来,才能完成压鬼送魂的神圣使命。

东巴舞蹈具体又可分为以下几类。动物舞（摩梭语 shang yi cuo），多在求寿道场、降威灵仪式和大道场中跳，模拟动物动作较多，具体又分为展翅类、蹄目类、爪类等。神舞（摩梭语 pu lao cuo），一般在道场都要跳，节奏分明，样式多变，能让人感觉到这是一个"降鬼伏魔"的庄严场面。战神舞（摩梭语 gao cuo），一般是在为能者超度时跳，东巴在跳战神舞时头戴插雉尾、有铁冠的盔帽，身穿战甲（近代多用布画甲衣），手握长剑或叉矛，相互作打斗状。法杖舞（摩梭语 meng tong cuo），一般在开丧、超荐道场中跳。法杖杖头是木雕小神塔，插入空心杖身，接合处挂上红、黄、蓝、白、绿五色彩布，还挂几个小铜铃，杖尾加铁尖。法杖舞的内容，主要是为死者"开路"，镇压"地狱"中的各种鬼怪，将死者送到"神国"。

图 10-12 绘制东巴舞谱 / 秋笔摄

仪式面偶

　　油米村的仪式中会用到各式各样的面偶，其制作材料大多是炒麦面、荞面、青稞面等。东巴制作好神偶，再撒上些炒面，抹上一点酥油，放置于神柜上，同时还会制作象征鬼王、鬼母、各种小鬼的大量鬼偶，将它们放置于神柜下方。一场仪式中用到的面偶数量达 20 多盘，100 多个。神偶的造型自然浑朴、平和慈祥，鬼偶则龇牙咧嘴、造型怪异，动物面偶形象又简练又逼真，憨态可掬。制作这些面偶只用一把小刀，几根刻上各神祇、小鬼名号的木棍，东巴们熟练地搓、捏、拉、按，信手捏制、一气呵成。面偶造型并不注重刻画细节，而是用整体写意的手法，如眼睛是随意用刀尖戳凹两个洞，嘴巴则是用刀切一下并往下一压，嘴也就自然张开了。从局部看，面偶十分简单，

图 10-13 代表男性和女性的面偶 / 庄清荣摄

但从整体看，整个造型又有一种活灵活现、单纯明快的审美特点，颇为生动，世俗的生活气息十分浓郁。

随着除秽、烧天香、请神招魂、献牲、驱鬼、祈福等仪式活动的开展，这些神、鬼面偶被放置在烟火缭绕、光线昏暗的仪式场所。伴随着东巴诵经时的鼓声、铃声、螺号声，一切尽显宗教神秘感。仪式结束后，神偶被放置在主人家火塘边的神龛上继续供养，鬼偶则被抛到村外闭塞的田野——意为通过这个仪式，这些鬼偶将带走主人家的一切病痛、灾祸，使家人安康。

按照大东巴杨多吉扎实的总结，面偶根据使用功能的不同共分为以下几种。

神鬼面偶　它们是仪式中主要的面偶，受到人们的祭祀。神偶享受人们祭献的白食和酥油，而鬼偶则享用黑食和牲礼。

牲礼面偶　这一类面偶如果捏制成马、绵羊、牦牛等体型较大的食草动物形象，则是祭献给神的；其形态为猪或鸡等动物时，也可用来祭献给鬼。

署神面偶　其形态包括蛙、蛇等小动物，它们代表署神接受人们的祭祀。

抵过面偶　一般为油灯和狗獾、蝙蝠、猴子形象的面偶，它们背负东巴在仪式中所有的过错。

捣鬼面偶　多出现在正式的仪式之前，作为仪式前的一个准备环节，一般是在一个盘子里做几个面团。东巴把几个面团稍加搓揉，使之成为椭圆状或长条状，放置在一个盘子里。由东巴的助手或应达（主家）的成年男性端着在应达的房屋内环绕几圈，然后再送到屋外。这样，在后续的仪式中爱捣蛋的鬼就不会来干扰破坏，同时也吸附了主人家的灾难与不顺。

面偶的制作手法与形象，因各类神祇和鬼怪在人们心目中的地位不同而有很大差别。神祇的制作中规中矩，很少有粗制滥造的情况。每一个大神都有自己的独特造型，而且东巴会将大神最具特征的造型元素进行刻意的夸张，使每一个面偶都具有神祇应有的庄严。如东巴什罗面偶，圆柱形的身体上只捏制了手，代表其身份的是头上的五幅冠。其他神祇的形象只有一个，其具体身份由坐骑来区分。而小的神祇就没有具体的形象，做成几十个一样的面偶，在其身上用炒面印上具体的名称。鬼怪面偶的制作显然要随意很多，大多数情况下，鬼怪面偶是成组制作的，由鬼王鬼母带领众多小鬼。鬼王鬼母有具体的名字与形象，体形大多为三角形。鬼王鬼母主要以头部形状来区分，五官被故意塑造得歪歪扭扭，与人区别开来。

东巴经书《梭梭库》记载，代表善的神祇美利董管辖白的世界，白色的山、白色的树、白色的太阳，一切都为白色；而代表恶的鬼怪

图 10-14 仪式中使用的面偶 / 秋笔摄

头目美利术管辖黑的世界,黑色的山、黑色的树、黑色的太阳,一切都为黑色。制作和使用面偶的过程,也反映出油米人崇尚白色的文化特征。在条件允许的情况下,人们会用比较白的青稞、大麦炒面来做神偶,这些材料的黏合性也比较好,不易变形;而用颜色较深的苦荞面来做鬼偶,甚至还有用泥巴捏制的。在给面偶施食时,也是为神偶施酥油、白面,而对鬼偶则施以黑食,如烧黑的苞谷、炒黑的麦子等。现在,东巴捏制面偶用的都是精细的小麦面粉,黏性很好。从前,供应人的口粮都很困难，敬鬼魂的面制品是被扔出去的，但敬神灵的却是实在舍不得扔出去的，都被人吃了。杨多吉扎实说："那时候都说吃了面偶的头部，晚上可以做好梦，归根结底就是想吃，舍不得扔掉。现在没有人吃了，都是用来喂牲畜，就是不能用来喂猪，因为东巴认为猪是不洁的。"

制作面偶的过程也很有艺术性。祭祀前的一天，东巴们就围在火塘边，一边喝着酒，吹着牛，手上一边捏着神偶。在这愉快的气氛中，一尊尊朴实可爱、形态多样的神偶就在东巴带着茧子的手中诞生了。鬼偶的制作则不用这么讲究，一般在仪式要开始以前才完成，因为时间有限，鬼偶形象比较粗犷、简单、有力。东巴面偶中的每一种形象都是油米人在长期的生活中塑造出来的，它们都是生活与想象的结合，是对生活经历的再现。

文 / 赵天宇

第十一章
通灵祈吉

生在油米，阮可人的每个生命节点都注定要与对应的各种仪式紧密相联：从出生时的起名仪式到正式被接纳为村落社会一员的成丁礼，继而还有场面更为宏大的婚礼、葬礼等人生仪礼。仪式仿佛节拍器一般，恰逢其时地标记着人生不同阶段的到来和完结。漫漫人生，岁时交替，每个年岁的循环中，隐遁深山的油米阮可人必须做好最基本且最紧要的两件事：生产与祭祀。这关系到族群的生存和延续。一年中如期而至的节日庆典大多是这两件事的缩影和集中表达，它们提醒着每一位村落成员完成一年中的使命和职责；同时也传达了一种普世的关怀：在平凡的岁月里善待自己，善待族人，善待先祖，善待一切。不论是人生仪礼还是岁时节庆，它们都以油米特有的文化样态和表现形式存在着，为整个村落和每一位参与其中的成员标记上专属油米的文化烙印。

除了人生仪礼和岁时节庆，东巴仪式还有另一种相较之下显得低调的形式——没有盛大的场面，也没有更多村落成员的参与。这些仪式出现在油米村的每家每户，以私密的方式糅合在家户的日常生活中。

如果说人生仪礼、岁时节庆是围绕着族群生存和延续这一基本命题的盛大仪式，那么另外这一类的仪式则关乎如何让家庭以及家庭中的个体能够更加安稳平顺地度过一年中的每一天，即关乎家庭和个人的通灵祈吉的仪式。这里讲的"通灵"是一种泛指，涵盖油米人信仰世界中的一切灵体，它们往往游离于现实世界，具备一定影响现实世界的能力，主要分为神、鬼、祖先等几大类。"通灵"就是要通过献祭等方式与它们尝试建立利好的联系和沟通，以祈求福泽、规避灾祸，或祈求尽快祛除正在发生的病痛和灾祸，不至于对个人的身心和家庭造成更大的危害。总的来看，这类仪式更加日常化和生活化，每天都在油米村"静悄悄"地上演着。

通灵祈吉并不简单。事实上，这类仪式中除了与祭祀直系先祖相关的烧天香仪式是油米每个成年男性可以独立操作的以外，其他仪式都离不开东巴的操持。东巴是人和鬼神沟通的中间人，家户在适当的时间向家族的东巴讲明需求后邀请东巴登门操持仪式。家户成员在仪式的准备阶段和过程中担任东巴的助手，按照东巴的

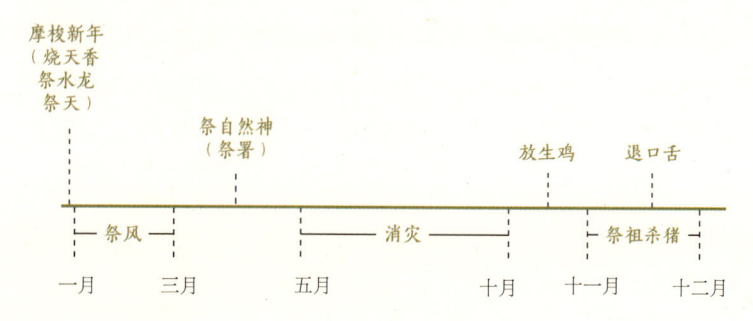

图 11-1 油米村通灵祈吉仪式在一年中的分布

嘱咐配合推进仪式，仪式完成后家户力所能及地给予东巴一定的物质或金钱回馈。仪式规格根据实际需求，短则半天，长则两三天。据粗略统计，这类通灵祈吉的仪式，油米村每年总共要做400余场，遍布一年中的各个时段，其主要类别和发生时间如下图所示。

　　自摩梭新年开始，在正月（农历十二月）中上旬主要做的仪式有烧天香仪式、祭水龙仪式和祭天仪式，都是在向神和祖先祈求接下来一整年的风调雨顺和人间福泽。正月十三摩梭新年过完后，一直到三月份，各家各户都会举行祭风仪式，祭祀自然界的各种精灵，目的是使其对生产发挥正向作用，同时不来打扰人们的正常生活。三月到五月是祭祀自然神的时期，这一时期自然界万物复苏，也是农作物生长最为关键的时期，其中最重要的就是祭自然神仪式，当地人也称为祭署仪式。"署"是掌管山里的动植物，水里的鱼、虾、水草等自然界生物的神灵，因此也叫自然神。祭署主要是向自然神祈求农作物和禽畜免受灾祸、茁壮生长。四月到十月，是油米人一年中最忙的时候，主要的农事活动和社会集体活动（婚礼、盖新房等）都集中在这一时期，加之这段时间降水激增、气象多变，自然灾害频发，人们期望人的身体和实践活动都能免受灾祸，所以这一时期主要做驱鬼的消灾仪式，抚慰身心。十月到十二月，秋收结束，临近年关，需要对一年来发生的人际矛盾做一个了结，这便需要做退口舌仪式。同时还需要为新一年的祭风仪式做好准备工作，即放生鸡仪式。为了迎接新年，提早制作猪膘肉，在农历十一月，油米家家户户还会杀猪祭祖，这便是一年中家户仪式的主要进程。

总的来看，通灵祈吉的仪式分为两种类型：一是拜神祈吉，称为"布"；二是驱魔退灾，称为"第"。油米人相信，福泽和利好是神庇佑的结果，而矛盾和灾祸则都是鬼在作祟，因此敬神驱鬼是这一类仪式的主旋律。如何处理好与神鬼的关系，使生活和谐安定、顺心顺意是油米人所看重的。

祭天仪式

祭天是东巴经书《梭梭库》中提到的后世必须遵循的规定。天有18层，是神和祖先的居所，是善的代表。新年伊始，油米人通过祭天活动来敬各路天神，歌颂祖先迁徙的历程，祭祀祖先，祈求它们保佑新的一年风调雨顺，庄稼免受严重的自然灾害，保佑家人平安。油米人有独特的祭天仪式，即转山节。正月十三，也是摩梭新年结束的这一天，所有在村里的人都要换上盛装，携带干粮和冷食，以家户为单位向虎头山出发。每个登上神山的人都需要先在山下进行除秽，围绕着焚烧的火堆走一圈，把身上、精神上不干净的东西除去。焚烧材料一般为清香木、杜鹃叶、松柏枝、乌木。焚烧时的特殊香气与烟雾会带走不洁的东西，人需要在烟雾中浸染。在到达虎头山上的祭祀区域后，油米人按家族进行祭祀活动，焚香、念经、吹响海螺，向各自的世系先祖敬献面偶、牛奶、酒和肉等供品。这个环节结束后，所有人都需要绕行各家族的烧香塔，向烧香塔撒玉米、小麦等各种粮食；之后在山顶的一片空地，以家族为单位野餐聚会，各家族席地而坐，唱歌跳舞，不同家族之间互相分享食物和酒水，场面盛大而热烈。

油米村将本该严肃的祭天仪式发展为盛大的节日。在共同祭祀祖先和大型聚会这两种集体活动下，从家户到家族，再到全村，油米人强化了不同层面上的亲属关系，增强了归属感和凝聚力。

祭风仪式

从摩梭新年一直到三月份都是家户举行祭风仪式的常规时间，但油米村的祭风仪式通常会在正月做完。新年中已经敬了各方位、各职能的神，祈求了一年中的各类福泽。在这之后则需要驱鬼退灾，祭风就是在新的一年开始时颇为重要的驱鬼仪式。在献祭品给鬼后，和它们讲清楚不要再来打扰人们的正常生活，同时祛除因鬼怪停留带来的灾祸。因为整个祭风仪式都是在与对人不利的各种鬼打交道，甚至还包括这家过往凶死的人的鬼魂，因此每家每户的祭风仪式往往相对隐秘，过程中禁忌很多，原则上也不允许外人来观看。甚至以家屋为中心的一块区域内都不允许外人踏足，这主要是怕外人的闯入使仪式受到影响，同时也不希望这些鬼怪给靠近的人带来灾祸。

祭风仪式分为小祭风、中祭风、大祭风。在小祭风仪式中东巴诵10多本经书，3~4小时就可以完成；中祭风仪式需要诵30本以上的东巴经书，要大半天才能完成；大祭风仪式需要诵40~50本经书，仪式基本要持续一整天。不同规模的祭风仪式针对的对象也有不同，祭风的对象主要有风鬼、云鬼等"自然鬼",毒鬼、仄鬼等"地狱鬼"、呆鬼、佬鬼、楚鬼、尤鬼等"凶死鬼"。大祭风主要是解决呆鬼、佬鬼、楚鬼、尤鬼的后事,主要内容是超度那些凶死者、吊死者、殉情者等非正常死亡者的灵魂,而小祭风仪式则主要是攘除"自然鬼"和"地狱鬼"可能带来的不顺或灾难。在油米村,小祭风仪式每个家户都会在年初做一次。当家中不顺或者家人遭遇疾病久治不愈等情况发生时,家户可根据实际情况请东巴再次操持祭风仪式,仪式规模主要由东巴进行勘察测算后决定。新家庭成立的第一个新年,主人必须请东巴操持一次大祭风仪式。

祭风仪式的主要程序包括:请神,诵读各种鬼精灵的出处来历,还债,解除祸结,弃鬼面偶,招魂,用鸡(或牛、羊、猪)做替身,施食,祭署(小仪式),请神跳神舞压鬼,摧毁鬼寨,送鬼压鬼,送神后仪式结束。

祭水龙仪式

摩梭新年中的祭水龙仪式在正月初一举行,在烧天香结束后就以家族、家支为单位来到水源处祭水龙。水龙神是自然神里最重要的一个,是掌管自然界万物生长衰亡的神明,象征着洁净,因此在祭祀水龙之前必须除秽。人们在去往祭祀水龙地点的必经之路上架设一个香火台,香火台主要焚烧松柏枝、乌木、杜鹃叶和清香木,路过的人需要绕此香火台一圈后方可去往祭祀地点。到达祭祀地点后,将提前准备好的牛奶混合谷物、柏树枝盛在银杯中，制作成水龙神最喜爱的献祭物。在东巴诵经的过程中，将提前准备好的炒面加水揉和后捏制成数个面偶，放在银盘中一同敬献给水龙神。新年中祭祀水龙神主要是祈求接下来一年中村里的水源不断，期盼水龙神赐福，保佑风调雨顺，六畜兴旺。

新年集体祭祀水龙神多与村庄整体、家族、家支的福泽有关，而三月到五月期间，人们还会邀请东巴到家中做祭自然神仪式，主要是以家庭为单位再次祭祀水龙神，这是在给家庭的农事生产祈求福泽。家庭的祭水龙仪式有时候并不是独立的仪式，而是敬神仪式中的一环。可以说任何敬神的仪式中都涉及祭水龙仪式，因为水龙神掌管自然万物，对生产生活的意义重大。相传水龙神与人类的祖先是同父异母的兄弟，因人类污染水源、过度砍伐森林和捕猎等行为触犯了水龙神，水龙神便以施放疾病和自然灾害的方式惩罚人类。后来人类求助东巴什罗，东巴什罗派大鹏神鸟调和二者关系，规定人类必须每年定期祭祀水龙神以求免灾赐福。对自然神的信仰集中体现了摩梭先民对人与自然关系的朴素认识，有效制约着人们破坏自然的行为。

消灾仪式

每年的五月到十月间，油米家户都需要做消灾仪式，特别是在八月和九月，如果家里有妇女怀孕，有人生病，有家人过本命年，或者有家人来年与家里女人相克或与家里男人相生，都要在这两个月请东巴做消灾仪式。每家一般会做一到两场，一场是给整个家户做的，另外一场可能是给家中某个成员做的，他/她可能遭遇了某种不顺利或身体上的病痛等，因此很多时候一个家户可能会做多场消灾仪式来抚慰人的身心。

消灾仪式分为大消灾仪式、中消灾仪式和小消灾仪式。大消灾仪式是家中发生重大灾祸后需要做的。中消灾仪式和小消灾仪式更多是用于预防，在可能发生灾祸之前举行，使生活更加安稳平和。消灾仪式有双重的祭祀对象，一般需要杀一只公鸡和一头小猪来祭献神和鬼。神的祭坛就是火塘边的神柜，烧香和敬献供品都在神柜前进行。鬼的祭坛需要特别设置，一般在与神柜相对的角落，由东巴亲自设置。按照经书记载，将不同的鬼偶捏制出来并分类装在盘中，并用清香木或乌木的枝干制作镇压鬼怪的"宝塔"和三角形"围栏"，同时为了给鬼怪指路，引导它们去向该去的"地狱"，还需要用杜鹃枝叶编制一匹马来负责给鬼怪引路，这就是鬼祭坛的基本设置。在祭祀过程中，公鸡血要泼洒在鬼偶上，用以通灵和镇压，烹煮好的鸡肉和猪肉奉在神龛前供神享用。整个消灾仪式过程就是东巴请神来帮忙一同镇压鬼怪，使其远离家户、远离村庄的过程。

油米家户常做的消灾仪式以中型仪式为主，油米人也叫它"打包袱"，以此指代仪式过程中特有的"代人受过"的形式。仪式中，用当事者的衣物给扎好的草人穿上，通过仪式把未来可能降临的灾祸转移到草人身上，再把草人丢到离村子很远的地方，以示当事者与不幸彻底断绝联系。

图 11-2 消灾仪式的祭坛一角 / 庄清萊摄

放生鸡仪式

通灵祈吉仪式的进程有时候很长,实际上部分准备工作可能在数月前就已经开始了,比如十月到十一月间的放生鸡仪式,也是来年祭风仪式的前奏。也有家户在正月放生鸡的,之后不几日便要举行祭风仪式。

放生鸡仪式的地点一般在村子上方的坡地上,靠近山林。具体的仪式过程也比较简单。操持仪式的家户需要准备一只大公鸡,东巴搭设神坛敬神并捏制面偶献鬼,再念东巴经讲清楚这只公鸡的"来历"和"使命"。用香和净水给公鸡除秽,而后在鸡冠处穿上颜色不一的彩绳打好记号,将公鸡放生于山林,使其回归自然,吸收天地日月之气。隔一天或一段时间后便可以再将鸡带回家中饲养。做了记号的公鸡也代表了一种隔离，因为这只鸡是要在祭风仪式中献祭的，所以人们会悉心照料、饲养，绝不会去伤害它。倘若这只公鸡在饲养的过程中不幸死亡，主人需要在曾经做放生鸡仪式的地点将其吊在树枝上，并烧香以示无心之失，然后再重新放养一只新的公鸡。油米人对祭祀牲礼的悉心准备也体现了其在仪式中的虔诚。

图 11-3 放生鸡 / 秋笔摄

退口舌仪式

从十一月下旬至摩梭新年前，油米人会选定一个与家庭成员属相皆不同的日子。在这一天，白天打扬尘，晚上宰杀一只公鸡，请东巴来做退口舌仪式，以驱散退去这一年之中的是非口舌。退口舌仪式在分类上可以归为消灾仪式的一种。退口舌仪式亦体现出油米人对人际矛盾的特殊认识。在油米人看来，人与人的矛盾根源在于鬼在其中作祟。因此化解矛盾需要和鬼沟通。鬼既是矛盾的第三方，也是引发矛盾的根本，所以，退口舌仪式更像是一种"劝架与和解"。不过这绝不会有伤和气，因为人们都相信，矛盾不是人造成的，不应该因此产生更多的记恨和猜疑。找到矛盾的实际发起者——鬼，与之沟通和解后，人与人的矛盾自然就解决了。其仪式进程与消灾仪式基本相同，特别之处在于需要东巴念诵《大退口舌是非经》，且没有扎草人"打包袱"的环节。

至此油米人家一年中常做的通灵祈吉仪式基本完成，家家户户就要为过新年做准备了。

祭胜利神仪式

祭胜利神仪式与祭天仪式有很多的相似之处。它们都是祈福类的祭祀仪式，但又不像关系全家族的祭天仪式那么盛大隆重。祭胜利神是每家都会做的祈福仪式，一般与家中成年男性的福泽有关。当家中的中年男性需要经历一段艰难时光或可预知的困境时，例如外出打工、住院治疗等，家户都可能会邀请东巴来家中做一场祭胜利神的仪式。祭胜利神仪式被称为"噶布"，油米村人用这样一个仪式来缅怀英雄祖先、激励后人。

祭胜利神仪式现在一般以家庭为单位在火塘边进行。竖一棵有16根枝杈的松树祭木和16个代表16尊胜利神的祭石。供品以猪和鸡为主,其他再放一些水果和酒茶。按仪式流程,先要除秽,然后献牲、点神药、献饭、求福泽、送神。仪式结束后把祭石用麻布包起来拴在祭木上,将祭木固定在主屋顶天柱旁。另外,在超度长者的丧葬仪式里也会有祭胜利神的环节。

在油米日常众多通灵祈吉的仪式中,家庭与个人无疑是仪式的直接受用者。在东巴的主持和沟通下,家庭、个人与神鬼之间都能进行沟通。人们祈求并接受神的赐福,使鬼怪远离家庭,使家人免受灾祸与痛苦。此外,东巴在操持仪式的过程中也始终在传递民族精神和关怀,即敬畏自然、珍惜此世、包容万物,这也成了油米村的共识。在通灵的过程中,不论是祈福还是避祸,油米人都为神鬼精灵找到了合适的位置以及对待神鬼精灵的不同方式。每一位神鬼精灵的大致形象、常出现的地点、饮食的偏好等对油米人来说都烂熟于心。这个物质匮乏的族群甘愿在敬畏神灵的过程中奉献最为丰厚的牲礼,而他们唯一所求的就是平顺安康的一世生活。

文 / 赵天宇

第十二章
山外世界

长久以来,油米村虽处大山深处,却并非隔绝封闭的桃花源。周边的山路虽崎岖险阻,却仍有羊肠土路、渡江索桥可以通达山外世界。油米村地处川滇交界,乃鸡鸣"两省四县"[8]之地,自古至今,兵家戍卫者、茶马互市者、淘金求财者、以革囊渡江者、求取经书者、外出务工者、科学文化探索者在此辗转汇聚。油米村与外界的联系未曾断绝。

路是人走出来的。油米人历经艰辛迁徙到加泽大山的山肚子里定居,在东巴文化"人与自然是兄弟"的教益下,用辛勤的耕作和精湛的技艺创造了能够自给自足的山地农耕系统。和睦的家庭关系、宗亲关系和姻亲关系营造了可享天伦之乐的家园故土,在家家藏经、户户念经的氛围中,东巴文化在油米村深深扎根。这是油米人蹚出的独特道路。历经纷繁喧嚣的岁月洗礼后,正因为有油米人的坚守,东巴文化和摩梭村落文化中的吉光片羽才得以被我们窥见。

---

8 "两省四县",即云南省下辖的香格里拉(县级)市、宁蒗县、玉龙县及四川省下辖的木里县。这里有多民族聚居,如藏族、彝族、纳西族等。

图 12-1 蜿蜒的山路连接油米村和山外世界 / 丁振东摄

油米村偏居一隅，较晚才通路、通电、通网，过去油米人外出及与外界沟通联络十分不便。2009 年，油米村通电，被松明火把照亮的夜晚成为过去。通电为使用农业机械、家用电器创造了条件，油米人的生活也开始迈向现代化。2012 年，加泽村委会通往三江口的山路修通，这条路对进出油米村极为重要。2020 年，加泽村委会通往油米村的路终于修通，如今无论货物还是人员进出村子都比从前方便得多。2019 年，油米村接入宽带网络，村民开始使用智能手机、视频软件记录家乡文化，与在外的游子联络。通电、通路、通网为油米人打开了新世界的大门，使他们有机会、有渠道认识和接触大山外面的世界，也无形中改变着油米人对家乡和东巴文化的看法。

　　时代和环境在变化，进出油米村的道路越来越宽广，油米人在走老路的同时也试着蹚出新路。"文革"期间，东巴经书和东巴仪式被毁的毁、禁的禁，是杨多吉扎实冒着生命危险义无反顾地踏上老路，前往四川省木里县俄亚乡的纳西村落借阅、抄写经书，为传承民族文化留下"火种"。油米人丁兴旺但耕地有限，为养活人口，开垦新田需要修堰沟、建水渠，要合全村之力走出新路。

图12-2 油米村的羊肠小道，村民通过这些小路沟通往来。图中上面一条路通往加泽村委会，下面一条路通往田湾子、树枝村、瓦日村／丁振东摄

在过去 30 年里,油米村因东巴文化的完整、活态独树一帜,吸引了一拨又一拨学者到此一探究竟。除了学者,对油米村感兴趣的游客也多了起来,他们翻山越岭,只为感受传统古村落的自然环境和文化魅力。山外世界日新月异,油米人不论是重走老路还是开辟新路,始终延承自己的生活节奏,以保护家乡的生态根脉、守护东巴文化为己任。

甲区路

油米村的水塘以西,有一条羊肠小径穿过神龙山、虎头山,沿此路可以到达四川省木里县依吉乡的甲区村,因此被村民叫作甲区路。甲区人和油米人一样,都是摩梭人,但他们在四川被划定为蒙古族。去甲区村的这条山路非常不好走,"晴天土飞扬,雨天烂泥沟"是其真实写照。

以前油米村和甲区村的关系不好,村民在交界地带常因土地、水源发生争端。甲区村吃的加泽大山的水会流经油米村,油米人想从中引一股到自己村,却被甲区人拒绝。双方各持己见,互不相让。另据传说,甲区村和油米村之间有条叫"宗多罗"的沟,油米村从前有个石姓的外甥坐在沟的一边,他在甲区村的舅舅坐在另一边,外甥和舅舅两个人为了争地盘闹不和,外甥的羊一越过甲区村那边就被赶回来,甲区村的土地不让油米人过来。外甥家做完仪式后,端出去的面偶被狡猾的舅舅偷偷端回来又放回外甥家门口。外甥很奇怪,怎么送出去的东西又回来了?因为关系不融洽,外甥不胜其扰，只好搬到邻近的甲波村。舅舅还是不依不饶，千方百计耍一些小手段让外甥不得安生。后来，永宁土司感到两个村子的关系不对劲，油米村石家势单力薄，无力抵御边界上的骚扰，便把次瓦村的杨姓一支人调到油米村守边界。杨姓这一支人比较忠诚，土司很放心。杨姓这一支到了油米后，边界守住了，骚扰、抢牲口、烧房子这些事端慢慢平息了。如今，两村人家联姻结亲越来越多，甲区人借着亲戚关系常到油米村走动来往，两村关系缓和了许多。人们将土地、水源的争议搁置，避免再起事端。

图 12-3 往山上走的小路即甲区路／丁振东摄

甲区路见证着油米村的历史。"文革"期间，东巴文化陷入前所未有的危机。"文革"结束后，杨多吉扎实毅然走上通往村外的甲区路，多次前往四川省木里县俄亚乡等地借阅、抄写东巴经书。当时的甲区路艰难崎岖。回忆起在俄亚、甲区等地求取经书的经历，虽然条件艰苦，但那里的东巴愿意借出经书，这让杨多吉扎实着实高兴。他说，带着经书回来的路上没有点灯，但经书在手，感觉路也更加光明了。

老熊路

从油米村去加泽村委会、瓦日村的路上，有一块被油米人叫作"古如阿古"的石头，石头旁的路叫作老熊路。猎人站在这块石头上向四周仔细张望，可以发现老熊出没的踪迹。有经验的猎人知道老熊有自己专门的兽道，便蹲守在附近，伺机捕获老熊。当地还流传着一则关于围捕老熊的故事。

20世纪70年代的一个冬日，杨多吉扎实在神马石附近发现对面山上有老熊出没。那个时候山林比较茂密，老熊在山梁上忽隐忽现。他赶忙跑回家，跟外公石根独吉说这个老熊可以抓住。当时家里没有土枪，他跑去落科村的舅舅家借来土枪。全村的小伙都集结在一起，由石生根独吉安排，他那时非常有精神，走起路来不输小伙子。那个年代，村里的肉要上交给人民公社，平时很少有肉吃，碰上这么一只黝黑肥壮的老熊，大家自然垂涎三尺。可惜，大家对这把借来的土枪不熟，虽然小心蹲守，但老熊竟在众目睽睽下悄无声息地溜了！

大伙紧追不舍，一旦发现错失目标就重新排兵布阵。追到一个山沟，树林密布，人的脑袋都钻不进去，第二场"战役"便在此展开。一个小伙试着去撵老熊，谁知老熊突然扑出来，当场把那人抓出血，众人顿时觉得这只老熊不好惹，肉没那么容易吃。于是，大家只能虚张声势，"砰！砰！砰！"放了几枪，结果老熊一个枪子没挨着，在枪声中又被"欢送"走了。被老熊抓伤的人，急中生智，藏身于一个被大树遮掩的石头下，逃过一劫，所幸没有大碍。那天大伙饥肠辘辘，在无量河边喝了点冷水便灰溜溜回到村里。野生动物是凶猛的，它的肉哪里有那么容易吃到啊！

狩猎是油米人的传统，定居前他们就以狩猎采集、放牧为生，饮食以肉类为主，直到定居后发展农耕，谷物、蔬菜才慢慢多起来。人民公社时期，油米村建了一个集体养猪场。猪场养殖的猪肉被政府征购上交，但是猪血可以留给村民。猪血没有味道，村民杀猪时偷偷把猪肠子的油刮到猪血里，这样猪血吃起来就很香。村民想吃肉，猪血解不了馋，只能靠打猎。

说起油米村打猎的能手，就不得不提前文讲到过的杨多吉扎实的外公，石生根独吉。他29岁前就打死过6头老熊，但他身体的病痛也相当多，人们认为是他狩猎太多，杀生太多，得罪了山神。后来猎枪被收缴，猎人不再狩猎，这条围捕老熊的路也逐渐淡出了油米人的生活。

开若路

　　人民公社时期，油米村隶属宁蒗县永宁区公社加泽乡。当时村里有400多人，人多地少，粮食不够吃，村民便在与甲波村交界的一个叫牛窝子的江边坡地上开田种粮，那里有七八十亩地。牛窝子这个地方早在"农业学大寨"时期就修了梯田，那个地方原来叫"龙巴次"，意思是"放牧的地方"，当时已把坡地改为梯田。修梯田那会儿，全村人一齐上阵，干得热火朝天，春节也只休息三天。因各家各户用水多，取水极为不便，牛窝子梯田只种大春一季。为了给牛窝子提供灌溉用水，村里的精壮小伙组成专业队，修建通往牛窝子的水渠，这条因修水渠而修成的路被村民叫作"开若"，意思是"水渠上走成的路"。

　　在开若路修成以前，油米只有上面和下面两条路可以过去牛窝子，引水十分不便。山下无量河边的路，叫"女若"，这条路只能走到四川交界的地方，之后就走不通了。开若路旁边，村里人赶牛羊常走的路叫作"吕若"，这条路宽阔一些。另外一条通往虎头山烧香塔的路，据说是杨家开辟的，叫作"哥若"。哥若路和吕若路都可以走到四川，以前去四川只能走这两条路。如今，行走在开若路，只能看到水渠废弃后的乱石遗迹。牛窝子撂荒后，水渠也年久失修，废弃不用，没了昔日水流的喧嚣，地力肥沃的牛窝子也长满了当地叫作牛皮筋的树。

第十二章 山外世界

图 12-4 开若路 / 丁振东摄

革囊渡

杨多吉扎实家里有一个奇怪的物件，形似羊身，通体泛黄且油腻，当地人称之为革囊。羊皮做的革囊是油米人横渡河流的重要工具。油米村不仅保留了革囊，还有几个革囊渡江的好手。这是油米人通达山外的另一条路。

金沙江上流传着"元跨革囊"的典故，说的是忽必烈率领蒙元大军南征大理，在金沙江泅革囊以渡江。《元史·世祖本纪》载："……至金沙江，乘革囊及筏以渡。"无量河两岸有很多革囊渡江的能手，洛克在丽江探险期间，多亏当地人以革囊渡相助才得以顺利转移物资。

所谓革囊，是宰杀山羊后不剖腹，用完整的羊皮鞣制成的羊皮囊子。革囊只在脖颈处开口，其余地方均扎紧以防漏气。使用时，渡江的人将革囊抱在胸前，革囊的后腿置于人的两胯之间，嘴巴对着革囊颈部吹气，革囊鼓起后，人便可以抱着它在水里漂浮。

过去，油米人做骡马生意要渡无量河，牵着骡马过河的人要非常熟练地使用革囊。如果领头的骡马能够稳住，后面的牲口便能够有序跟上。油米人在革囊横渡方面天赋异禀，即便遇到风大浪急的时候也从未出过事，当地人认为这与他们新年初十这一天敬河神求金求财有关。如今，随着交通状况日益改善，革囊这种传统的渡江方式也逐渐被人们遗忘。

谋生路

油米人认为，有手有脚的人要靠自己的劳动来吃饭。在众多的谋生道路中，茶马互市和淘金是主流。过去交通不便，油米村与外界的往来联系全靠骡马贩运。由于耕地有限，靠耕田和放牧满足不了家庭生计所需，油米人要外出找赚钱的机会。以前打工机会不多，除了淘金，骡马贩运就是油米人最主要的外出营生渠道。

在油米人的生活中，茶叶和盐巴是必需品。茶叶倒还是其次，盐巴却是必备。东巴经书里说，香格里拉、中甸那边有盐巴，但去那里找盐巴要翻几个大雪山，路途艰辛。油米人赶着骡马将村里的农产品驮运出去，把育肥了的牲畜赶至永宁镇、大理甚至是四川的稻城卖掉，换回茶叶、盐巴。石农布回忆，他年轻时候做骡马贩运生意，把村里的黄果（当地种的橘子）、鸡蛋、核桃带到永宁镇去卖，中间翻过加泽大山，再将换来的生活必需品驮回油米，往返一次要三四天的时间。那时候做生意的，有些是一个人单独驮运，有些则是三五个人结伴而行。

现在油米村还有专门贩卖骡马的人，主要与云南大理、四川甘孜等地的骡马商贩往来交易。他们从外地购入健壮骡马作为畜力卖给油米村和周边村子，或者把油米村及周边村落已经育肥的骡马（也叫菜马）贩卖到大理等地。随着交通状况逐渐改善，机动车辆替代了骡马驮运货物，骡马的估价方式也随着交通工具、通信工具的更新而发生变化。20多年前，只能靠人赶着骡马徒步至大理，现在则直接请卡车来村里装上骡马运出去。以前给骡马估价，需要去现场看才行，现在通过微信传送照片就可以定价。

油米人的另外一条生财之路是去金矿打工。1995年前后，四川木里县的金矿吸引了很多务工的油米人，直到2013年金矿关闭，中间持续了20年，这是油米村持续时间最长的一段外出务工潮。20世纪90年代中后期，在金矿工作每天能有20元收入，那个时候在金矿挣到几千块钱的人在村里人看来是比较有能耐的。早期到金矿打工的一部分人，现在成了老板，他们后来带领更多的村民前去做工。在金矿做工的收入虽然相对高一些，但工作任务艰辛繁重，作业条件危险。矿山里用的水只能靠索道运送，洗澡洗脸成问题；矿山里修不了房子，只能在崖洞里用塑料油纸做睡觉用的铺盖。老板拖欠工钱、工人打架闹事算是家常便饭，即便是遭遇矿难最后也都不了了之。油米人大都目睹甚至亲身经历过这类悲剧。

金矿的工作辛苦，去金矿的路也绝非坦途。20世纪90年代，公路未通，从油米出发途经四川境内的木里县依吉乡、俄亚乡和甘孜州的稻城，一路尽是颠簸崎岖的山路，需要三四天才走得到。村民背上干粮，风餐露宿，岩洞和大树都是赶路人的住处，一路上要在深山老林中夜宿两三晚。村里老人担心小辈的安危，怕他们在矿山出事，希望他们回家。在油米村与金矿之间来来往往的人潮中，有人选择了继续外出营生，有人选择听从长辈回乡学习东巴，人生际遇从此不同。

寻经路

"文革"时期，东巴文经书被焚毁，东巴仪式被禁止，东巴大都噤若寒蝉。"文革"刚结束时，东巴文化的传承仍处于低谷期，年轻的杨多吉扎实冒着生命危险到四川省木里县俄亚一带求取经书，这一举动不仅有政治风险，还要遭受求经路上的种种危险。据杨多吉扎实回忆，当时俄亚一带的生活条件、饮食条件很差，他有一次在俄亚乡的村里吃了半生不熟的饭食导致解不出小便,抄完经书后几乎是一路爬着回到油米村的,险些送命。靠着这样的毅力和执念,杨多吉扎实东一本西一本凑齐了经书,几乎以生命的代价点燃东巴文化的火种,续存东巴文化的根脉,这是身为东巴的大仁大智。

图12-5 村民放牧的路,也是去往牛窝子和四川方向的路,杨多吉扎实东巴曾走这条路去四川抄经带回油米/丁振东摄

随着文化政策向好，东巴文化迎来了春天。杨多吉扎实这一代东巴曾经历的环境已不复存在，但市场经济的大潮又让新一代的东巴陷入彷徨境地。1973年出生的石玛宁在油米村是中生代的东巴，村中的同龄人忙着外出打工挣钱，但作为东巴的石玛宁不能。他要为本家族主持大大小小各种仪式，年富力强的他正值打工挣钱养家的好年纪，却因身为东巴难以脱身外出。7年前，石玛宁收了落科村的石布吉为徒，这个年轻人是落科村推选出来为村子传承东巴文化的。师徒二人都面临传承东巴文化和外出打工挣钱的两难抉择。有一次，石布吉约石玛宁一起到宁蒗县打一个月的工。打工期间，师徒二人白天修路砌挡墙，晚上学习东巴文。可以想见，石布吉出师后，落科村将有一位自己的东巴，这是多么功德无量的事情。

像杨玛佐、杨泽礼这样的"80后"东巴面对的吸引和诱惑更大，在东巴事业和家庭生计之间做出平衡，这是时代出给油米村年轻东巴的难题。如今，年轻一辈的东巴已经通过行动给出了答案。阿公塔是杨多吉扎实的大徒弟，受师父影响，他在翻修新房时也为自己建造了一间顶楼阁室，这是他自己的"藏经阁"。他在此抄写东巴经书、整理侠武文本，致力于保存东巴文化。不仅如此，他还欣然受邀，在加泽完小开设课程，为摩梭子弟教授东巴文字和东巴文化。杨玛佐是杨多吉扎实的二徒弟，也是油米村的青年东巴，他曾多次参加中国科学院、中国农业大学的学习交流活动，对如何保护农业文化遗产和传统知识有颇多思考，也谋划着为油米村筹建东巴文化研习院以传承东巴文化。

文化路

20世纪初，洛克离开四川省木里县前往贡嘎岭考察，发现居住在无量河一带的摩梭人支系"日新人"。1937年，他在《华裔学志》上发表论文《日新支系和他们的宗教文献》，这是无量河流域的摩梭人第一次被正式介绍给世界。洛克在这篇论文中提到两位东巴为他翻译经书，但没有提到两位东巴的名字。据杨多吉扎实回忆，这两位东巴是油米人，其中一位是他的大爷爷杨嘎土汝。1947年，洛克的《中国西南古纳西王国》一书出版，油米村在书中被多次提及，那时村里仅有13户人家。

在战乱频仍的动荡年代，洛克的"日新人"研究没有引起世人的注意。1943年，学者李霖灿来到无量河一带调研，在这里发现了"若喀"，也就是洛克笔下的"日新"。在《么些族迁徙路线之寻访》一文中，李霖灿描述"若喀"的分布区域时提到一个叫作"药瞇"的村寨，当是油米村。从前油米村只是以不同的名字出现在洛克、李霖灿的笔下，1949年之后，更多的学者真真切切地走进油米村，从不同角度近距离地研究油米村的文化。

中国社会科学院的詹承绪是新中国成立后最早进入油米村开展调查的学者。20世纪60年代，他和夫人王承权在云南宁蒗县永宁地区调研，先后出版《宁蒗彝族自治县永宁纳西族社会及其母系制调查》《加泽乡纳西族领主经济和家庭婚姻调查》等报告。1988年，和发源、和力民、王世英组成的"滇川纳西族地区宗教民俗与历史语言调查组"在永宁调研,听说油米村有东巴后便到此调查。调查报告集结为《滇川纳西族地区民俗和宗教调查》,其中和力民的《滇川交界纳西族宗教调查》比较详细地记录了无量河一带"阮可人"的宗教仪式。这一时期的学者走进油米村,为外人近距离了解油米村的村落文化和东巴文化提供了材料,为此后学者从更为精细、专门的角度研究油米村奠定了基础。

进入21世纪,为了解读国家博物馆20世纪收集的一批东巴经书,清华大学的赵丽明教授与油米村结缘。自2007年以来,她带领清华大学师生多次来到油米村,从语言学的角度试图揭开东巴经书中的文化密码,为拯救东巴文这一濒临消失的文字做了很多工作。赵丽明教授在清华大学成立了中国西南濒危文化研究中心,其中一项工作便是对油米村濒临失传的东巴文献做抢救性整理,其出版的《中国西南濒危文字图录》一书收录了油米村的东巴经书《祭祖经》。除了赵丽明教授,清华大学、西南大学、云南大学、丽江市东巴文化研究院等众多研究单位的学者还从建筑学、宗教文化、古籍整理、舞蹈学等不同学科方向切入研究,产生了大量的学术成果。

洛克发表关于"日新人"的文章已近百年,在那之后走入油米村的一众研究者让外人逐渐看清了这个古村落的文化轮廓。然而,在近百年的历史进程中,油米村民和东巴经历了怎样的变故,他们又会怎么述说这百年历程的风云变幻,我们还没有足够的了解。从这个意义上说,他们的面目、声音、所思所想依然模糊不清。无论如何,正是这个仅有83户人家的小村落的顽强坚韧,让东巴文化薪火相传,让众多研究者有可能到这里一探究竟。油米村民和东巴曾经和现在经历的艰辛、困顿、彷徨值得被倾听和记录。

任何时代都有难题，但从不缺乏决然面对这些难题的行动者和探索者。2015年5月，金沙江干热河谷春意盎然，一支由5人组成的徒步队伍，在丽江市玉龙县石头城村纳西族向导木文川的带领下，从三江口渡江，徒步行进在加泽大山的蜿蜒山路上，历经两天一夜抵达油米村。这是一支致力于种子和传统生态文化保护的团队，他们从这时起开始接触油米村、走进油米村，被油米村独特的东巴文化吸引，由此开启了与油米村的互动。这支团队由联合国环境署国际生态系统管理伙伴计划的宋一青研究员领衔的农民种子网络成员和孙庆忠教授领衔的中国农业大学师生组成。2018年起，这个团队开始系统地记录油米村的村落文化和东巴文化，倾听东巴的生命故事，向村民学习了解当地多元的文化，以真诚、参与、平等的态度敲开油米村的大门。

这个团队的工作并不止于和油米村民一起记录、梳理、传承东巴文化，还包括鼓励村民、青年东巴、妇女走出大山，看看山外的世界，展现油米村的特色文化。杨玛佐作为青年东巴代表走进中国农业大学学习交流农业文化遗产保护经验，石哈巴米和杨艳等妇女代表在北京国际会议上一展歌喉和舞姿，他们还与金沙江流域纳西族和摩梭人兄弟姊妹在"家门口"交流育种和传统文化。通过文化的传播与交流，改变正在发生。村民和青年研究者一起，开拓思路，同侪学习，思考如何固本强基，走出守望东巴文化的新路。

100多年来，山外世界日新月异，油米村与外界的交流从未止息。油米村的东巴文化，曾经久居深山无人识，任由他人书写，也曾经历风雨如晦的艰难时代，而东巴的坚韧毅力使东巴文化的传承从未中断，火种从未熄灭。虎头山下无量河畔，家家有经书，户户会念经，东巴文化深深地植根于油米村，鲜活地体现在生产生活、礼俗仪式之中，小小的村落俨然一个活态的东巴文化博物馆。

东巴文化源远流长，广植于油米人的心灵之中。崇尚自然、包容万物、褒善除恶是油米人民族精神的体现；不忘祖先、珍惜现世、心有所归也融入油米人生活的点点滴滴。志之所趋，无穷无尽的文化根脉便得以守望传承。油米人在现代化浪潮中挣扎过、彷徨过，但只要东巴文化还流淌在他们的血液里，他们便知道自己的来处和归宿，不会在身份和精神上走入迷途。同时，只要油米人开口讲述自己的历史，提笔书写自己的文化，那么无论世事如何变幻，东巴文化必不至于衰落。

文 / 李管奇

后记

2021年7月,我们完成了对摩梭人村落文化的问询之旅。这是对油米村村民的承诺,也是与宋一青教授及其农民种子网络团队的约定。这支小型却精干的队伍,20多年间从西南到东北、从华北到华南,步履不停,为的是农民"有种(zhǒng)有种(zhòng)"。尤其令我感动的是,他们从"小种子"入手,目标指向却是引导和推动农民自觉地开展家乡建设。油米村东巴口述史的采录与村落文化志的书写,就是在为乡村发展寻找内生性动力,就是在讲述村民热爱故土的依据!

我曾三次到访油米,驻村的40余日,与伙伴们一起走进每一位东巴的家中,听他们讲述自己的生活往事和身为东巴的感受。我与老东巴杨多吉扎实、老村长石农布接触时间最长,也因此结下了深厚的情谊。在他们的讲述中,无量河、虎头山、妖女峰、老熊路这些村民耳熟能详的地名总是不招自来,也让我觉得这里深藏着摩梭人村寨延承至今的密码。因此,在村期间,每天早晨我都会走到半山腰去眺望无量河和坡地上这个静谧的小山村。这条河富有深意的名字,也总会在不经意间唤起我太多的思绪。

2019年1月17日，我独自上山去眺望无量河，这是在村期间每天早起的"必修课"。当我路过石农布家的时候，看到他正围着一棵树转来转去。我大声喊他："老村长，你在干什么呀？"他抬起头笑意盈盈地说："孙老师，我在看梅花，梅花马上就要开放了，我们油米村的春天要到了。"那一刻，我突然间哽咽失语，只是站在远处看着那些吐露新芽的梅花，看着这位欣赏梅花的老人。太多的人认为，乡村人的生活粗枝大叶，好像没有机会去感受美、欣赏美，但事实不是这样的。他们对人情冷暖的体悟、对大自然的感知、对生命去留的直觉，更加敏感而深刻。这里的确是穷乡僻壤，但这里的人们不乏丰富而敏感的精神世界。当老村长轻松地说出"我们油米村的春天要到了"的那一瞬，真的令我心醉，也令我心碎！生活如此清贫，他们依旧如此深情地爱恋着家乡的这片土地。这是我在油米村目睹的难以忘怀的一幕。

令人悲伤的是，2021年1月这位老人因突发疾病去世了。同年4月19日，在中国农业大学文化艺术馆举办的"中国重要农业文化遗产主题摄影展"开幕时，曾经为老村长拍照的摄影师秋笔跟我讲道："每每想起这位老人，我就会想到无量河畔的小村子里，每年依旧盛开的梅花。可是，如今没有了石农布，这里的梅花又为谁而开呢？"正是因为有着这样的一份情绪，才让我觉得这里曾经上演的和正在上演的故事，就如那无量河，流淌着一辈又一辈摩梭人的记忆。

孙庆忠

辛丑年立秋

附录

油米村三大家族谱系

杨家族谱[1]

1. [mɤ˩ze˦dɯ˦tʂʰɯ˦]　　　　木壬土得尺[2]一代的胜利神
2. [tʰy˩ze˦tɕɯ˦dɯ˦tʂʰɯ˦]　　土壬觉得尺一代的胜利神
3. [tɕɯ˩ze˦zɿ˩dɯ˦tʂʰɯ˦]　　　觉壬兹得尺一代的胜利神
4. [zɿ˩ze˦tsʰo˦dɯ˦tʂʰɯ˦]　　　子壬措得尺一代的胜利神
5. [tsʰo˩ze˦li˦dɯ˦tʰʂɯ˦]　　　措壬礼得尺一代的胜利神
6. [ɻɯ˩ɯ˦ɯ˦dɯ˦tʂʰɯ˦]　　　　礼恩恩得尺一代的胜利神
7. [ɯ˦no˦dɯ˦tʂʰɯ˦]　　　　　恩农得尺一代的胜利神
8. [no˦be˦pʰɯ˦dɯ˦tʂʰɻ˦]　　　农白朴得尺一代的胜利神
9. [be˦pʰɯ˩ə˦dɯ˦tʂʰɯ˦]　　　白朴俄得尺一代的胜利神
10. [ɣa˩ŋga˦la˦dɯ˦tʂʰɯ˦]　　　俄高腊得尺一代的胜利神

1　杨家族谱国际音标-汉文对照版，由杨多吉扎实东巴诵读，衣莉、和丽昆整理。本附录中的国际音标，均不包括名字后"一代的胜利神"读音，汉字部分按当地传统增加。
2　得尺表示按先后顺序排列，无实际含义。

11.	[ɯ˧la˧tʂhy˧dɯ˥tʂhɯ˩]	俄腊翠得尺一代的胜利神
12.	[tʂhy˧ja˧dɯ˥tʂhɯ˩]	趣亚得尺一代的胜利神
13.	[ja˧ɕo˧pa˧tʂhɯ˩]	亚学巴尺一代的胜利神
14.	[ɕo˧pa˧ɕo˧ndɯ˧tʂhɯ˩]	学巴学滴尺一代的胜利神
15.	[ɕo˧ndɯ˧la˧ndɯ˧tʂhɯ˩]	学丁拉丁尺一代的胜利神
16.	[la˧dɯ˧i˧mbe˧tʂʅ˩]	拉丁银奔尺一代的胜利神
17.	[i˧mbe˧na˧tha˧tʂh]	银奔那它尺一代的胜利神
18.	[na˧tha˧a˧dy˧tʂhɯ˩]	那它阿都尺一代的胜利神
19.	[a˧dy˧dza˧a˧tʂhɯ˩]	阿都甲阿尺一代的胜利神
20.	[dza˧a˧a˧tʂhe˧tʂʅ˩]	甲阿阿猜尺一代的胜利神
21.	[a˧tʂhe˧a˧mba˧tʂhɯ˩]	阿猜阿巴尺一代的胜利神
22.	[a˧mba˧dza˧sa˧tʂhɯ˩]	阿巴甲沙尺一代的胜利神
23.	[dza˧sa˧na˧mdʑe˧mbu˧dɯ˥tʂhɯ˩]	甲沙那本布得尺一代的胜利神
24.	[i˧ndɚ˧tɛɹ˧dɯ˥tʂhɯ˩]	英支甲得尺一代的胜利神
25.	[i˧ndɚ˧bu˧su˧tʂhɯ˩]	英支布树尺一代的胜利神
26.	[bu˧mu˧ŋa˧dɯ˥tʂhɯ˩]	布木嘎得尺一代的胜利神
27.	[mbu˧dzi˧mbu˧dɯ˥tʂhɯ˩]	布汝塔得尺一代的胜利神
28.	[go˧ma˧dɯ˧tʂhɯ˩]	古玛得尺一代的胜利神
29.	[i˧ndɚ˧tɛɹ˧dɯ˧tʂhɯ˩]	英支得尺一代的胜利神
30.	[ku˧zo˧dɯ˧tʂʅh˩]	嘎左得尺一代的胜利神
31.	[bɯ˧me˧dɯ˧tʂʅh˩]	布美得尺一代的胜利神
32.	[bɯ˧dʑe˧me˧dɯ˧tʂʅh˩]	波吉木得尺一代的胜利神
33.	[i˧ndɚ˧tha˧dɯ˧tʂʅh˩]	英支甲得尺一代的胜利神
34.	[pu˧zo˧dɯ˧tʂʅh˩]	博左得尺一代的胜利神

35.	[kaˈkoˈdɯˈtʂʰɿˈ]	格果得尺一代的胜利神
36.	[kuˈmbuˈdɯˈtʂʰɿᶜᵛ]	果布得尺一代的胜利神
37.	[kuˈtɤˈdɯˈtʂʰɿˈ]	果甲得尺一代的胜利神
38.	[naˈmbuˈhuˈdɯˈtʂʰɿˈ]	那波付得尺一代的胜利神
39.	[guˈmaˈzoˈdɯˈtʂɯˈ]	古马若得尺一代的胜利神
40.	[paˈtɤˈdɯˈtʂʰɿˈ]	哈巴甲得尺一代的胜利神
41.	[paˈzoˈdɯˈtʂʰɿˈ]	哈巴左得尺一代的胜利神
42.	[iˈndɚˈtʰaˈdɯˈtʂʰɿˈ]	英之塔得尺一代的胜利神
43.	[soˈnoˈtsʰɿˈɚˈdɯˈtʂʰɿˈ]	松农次尔得尺一代的胜利神
44.	[maˈŋɯˈwəˈdɯˈtʂʰɿˈ]	麻里瓦得尺一代的胜利神
45.	[kaˈzoˈdɯˈtʂʰɿˈ]	嘎左得尺一代的胜利神
46.	[dyˈdʐɿˈzoˈdɯˈtʂʰɿˈ]	独吉若得尺一代的胜利神
47.	[ɚˈtɕʰeˈdɯˈtʂʰɿˈ]	尔切得尺一代的胜利神
48.	[iˈɕaˈtʰaˈdɯˈtʂʰɿˈ]	依下塔得尺一代的胜利
49.	[iˈndɚˈʰtsʰɿˈɚˈdɯˈtʂʰɿˈ]	英支次尔得尺一代的胜利神
50.	[puˈmbuˈdyˈdʑiˈdɯˈtʂʰɿˈ]	波布独吉得尺一代的胜利神
51.	[kaˈzoˈɚˈtɕʰeˈdɯˈtʂʰɿˈ]	嘎左尔车得尺一代的胜利神
52.	[dyˈdʑiˈtsʰɿˈɚˈdɯˈtʂʰɿˈ]	独吉次尔一代的胜利神
53.	[kaˈtʰyˈzoˈdɯˈtʂʰɿˈ]	嘎土左得尺一代的胜利神
54.	[sɚˈŋguˈdyˈdʑiˈdɯˈtʂʰɿˈ]	斯格独吉得尺一代的胜利神
55.	[iˈɕaˈdɯˈtʂʰɿˈ]	依下得尺一代的胜利神
56.	[kaˈtʰyˈtsʰeˈliˈdɯˈtʂʰɿˈ]	嘎土泽里得尺一代的胜利神
57.	[maˈŋɯˈdɯˈtʂʰɿˈ]	马尼次尔得尺一代的胜利神
58.	[guˈmbuˈtɛˈɕiˈdɯˈtʂʰɿˈ]	公布扎史得尺一代的胜利神

59.	[laˈmaˈzoˈdɯˈtʂʰɿˈ]	腊马左得尺一代的胜利神
60.	[dʑaˈaˈdyˈdʑiˈdɯˈtʂʰɿˈ]	甲阿独吉得尺一代的胜利神
61.	[guˈmaˈzoˈdɯˈtʂʰɿˈ]	古玛佐得尺一代的胜利神
62.	[kuˈtʰaˈdɯˈtʂʰɿˈ]	果塔得尺一代的胜利神
63.	[ndɛˈlaˈdɯˈtʂʰɿˈ]	扎拉得尺一代的胜利神
64.	[dʑaˈaˈdɯˈtʂʰɿˈ]	甲阿得尺一代的胜利神
65.	[aˈpaˈdɯˈdɯˈtʂʰɿˈ]	阿巴得尺一代的胜利神
66.	[iˈndɚˈtʰaˈdɯˈtʂʰɿˈ]	英支塔得尺一代的胜利神
67.	[dʑaˈaˈdyˈdʑiˈdɯˈtʂʰɿˈ]	甲阿独吉得尺一代的胜利神
68.	[æˈtseˈæˈʐæˈdɯˈtʂʰɿˈ]	阿子尔得尺一代的胜利神
69.	[noˈpuˈtsʰɿˈɚˈdɯˈtʂʰɿˈ]	农布次尔得尺一代的胜利神
70.	[xaˈpaˈzoˈdɯˈtʂʰɿˈ]	哈巴左得尺一代的胜利神
71.	[iˈndɚˈtæˈɕiˈdɯˈtʂʰɿˈ]	英支扎实得尺一代的胜利神
72.	[kuˈtʰaˈdɯˈtʂʰɿˈ]	果塔得尺一代的胜利神
73.	[dyˈdʑiˈpʰeˈtsʰoˈdɯˈtʂʰɿˈ]	独吉尔切得尺一代的胜利神
74.	[tsʰeˈliˈdyˈdʑiˈdɯˈtʂʰɿˈ]	独吉丕措得尺一代的胜利神
75.	[kʰɯˈzoˈdɯˈtʂʰɿˈ]	克左得尺一代的胜利神
76.	[tsʰeˈliˈdɯˈtʂʰɿˈ]	切里得尺一代的胜利神
77.	[iˈɕaˈdɯˈtʂʰɿˈ]	侬夏得尺一代的胜利神
78.	[guˈmaˈtʰaˈdɯˈtʂʰɿˈ]	古马塔得尺一代的胜利神
79.	[iˈndɚˈpʰeˈtsʰoˈdɯˈtʂʰɿˈ]	永抓丕措得尺一代的胜利神
80.	[æˈtseˈæˈʐæˈdɯˈtʂʰɿˈ]	阿子拉得尺一代的胜利神
81.	[baŋˈɣaˈdɯˈtʂʰɿˈ]	邦嘎得尺一代的胜利神
82.	[gɤˈkuˈdɯˈtʂʰɿˈ]	格果得尺一代的胜利神

83. [sə˩ŋgɯ˩dy˩dʑi˩dɯ˥tʂʰʅ˥] 斯格独吉得尺一代的胜利神
84. [bu˥zo˩dɯ˥tʂʰʅ˥] 博左得尺一代的胜利神
85. [tæ˩ɕi˩dy˩dʑi˩dɯ˥tʂʰʅ˥] 多吉扎实得尺
86. [bu˩mbu˩dy˩dʑi˩dɯ˥tʂʰʅ˥] 博布独吉得尺
87. [ju˩ɳdɯ˩dɯ˥tʂʰʅ˥] 永抓得尺
88. [sə˩ŋgɯ˩dɯ˥tʂʰʅ˥] 生根得尺
89. [tsʰe˩li˩dy˩dʑi˩dɯ˥tʂʰʅ˥] 才里独吉得尺
90. [mu˩ma˩dɯ˥tʂʰʅ˥] 木马得尺
91. [i˩ndɚ˩tʰa˩dɯ˥tʂʰʅ˥] 英支塔得尺
92. [ku˩tʰa˩dɯ˥tʂʰʅ˥] 果塔得尺

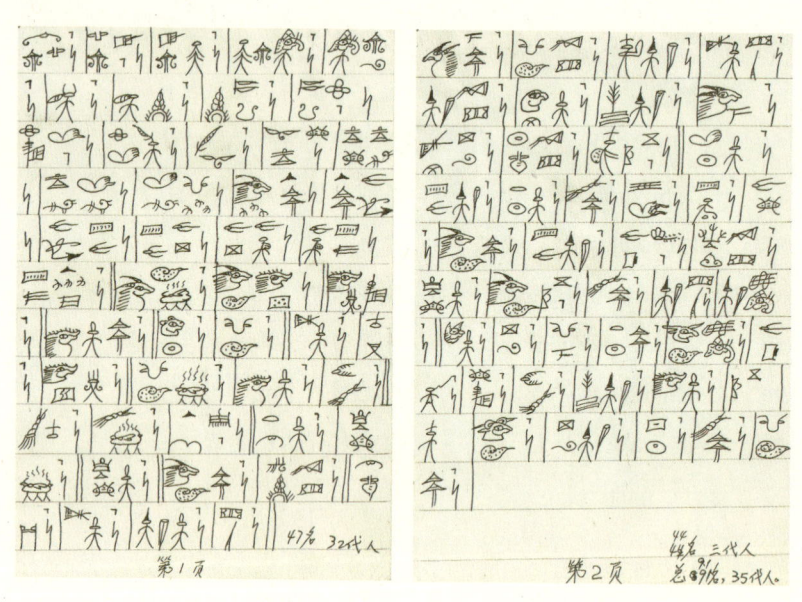

杨家族谱（东巴文）

阿家族谱 [1]

1. [mbu˥tʰu˩tʂʀ˦tɕʰia˩ɲi˦ɣa˩]　　出现天一代的胜利神
2. [tʰu˥tɕo˩tʂʀ˦tɕʰia˩ɲi˦ɣa˩]　　天后面柱一代的胜利神
3. [tɕo˥zi˩tʂʀ˦tɕʰia˩ɲi˦ɣa˩]　　柱后孜一代的胜利神
4. [zi˥tsʰo˩tʂʀ˦tɕʰia˩ɲi˦ɣa˩]　　孜后丛一代的胜利神
5. [tsʰo˥li˩tʂʀ˦tɕʰia˩ɲi˦ɣa˩]　　丛忍利一代的胜利神
6. [li˥ɛ˩tʂʀ˦tɕʰia˩ɲi˦ɣa˩]　　利依恩一代的胜利神
7. [li˥no˩tʂʀ˦tɕʰia˩ɲi˦ɣa˩]　　恩奴一代的胜利神
8. [no˥bɛ˩pʰu˩tʂʀ˦tɕʰia˩ɲi˦ɣa˩]　　奴本普一代的胜利神
9. [bɛ˥pʰu˩o˩tʂʀ˦tɕʰia˩ɲi˦ɣa˩]　　本普尔一代的胜利神
10. [o˥ɣa˩la˩tʂʀ˦tɕʰia˩ɲi˦ɣa˩]　　尔嘎拉一代的胜利神
11. [o˥la˩ɕy˩tʂʀ˦tɕʰia˩ɲi˦ɣa˩]　　尔拉趣一代的胜利神
12. [ɕy˥ʔa˩tʂʀ˦tɕʰia˩ɲi˦ɣa˩]　　趣阿氏家族一代的胜利神
13. [la˥di˩ɣa˩tʂʀ˦tɕʰia˩ɲi˦ɣa˩]　　阿氏尔一代的胜利神
14. [ɚ˥ɕi˩tsʰ˩tɕʰia˩ɲi˦ɣa˩]　　尔什责一代的胜利神
15. [ɕi˥tsʰ˩li˩ɕi˩bo˩tɕʰia˩ɲi˦ɣa˩]　　什责什布一代的胜利神
16. [ɕi˥bo˩mbu˩tɕʰia˩ɲi˦ɣa˩]　　什布搬斤一代的胜利神
17. [mbu˥za˩tɕʰia˩ɲi˦ɣa˩]　　搬斤阮斤一代的胜利神
18. [za˥dy˩tɕʰia˩ɲi˦ɣa˩]　　阮斤堆日一代的胜利神
19. [dy˥ʔa˩ɕia˩tɕʰia˩ɲi˦ɣa˩]　　堆日阿加一代的胜利神

1　阿家族谱国际音标 – 汉文对照版，由阿公塔东巴诵读，衣莉、和丽昆整理。

20.	[aˈɕiaˈgəˈzoˈtɕhiaˈȵiˈɣaˈ]	阿加格若一代的胜利神
21.	[gəˈzoˈaˈphoˈtshaˈzəˈthaˈtʂɤˈtɕhiaˈȵiˈɣaˈ]	格若阿普次尔塔一代的胜利神
22.	[jaˈməˈthaˈtʂɤˈtɕhiaˈȵiˈɣaˈ]	雅玛塔一代的胜利神
23.	[guˈfuˈɖiˈtɕhiaˈȵiˈɣaˈ]	公父一代的胜利神
24.	[naˈfuˈɖiˈtɕhiaˈȵiˈɣaˈ]	那父一代的胜利神
25.	[naˈbaˈfuˈtʂɤˈtɕhiaˈȵiˈɣaˈ]	拉巴初一代的胜利神
26.	[xaˈbaˈfuˈtʂɤˈtɕhiaˈȵiˈɣaˈ]	哈巴初一代的胜利神
27.	[tʂhaˈbuˈtʂɤˈtɕhiaˈȵiˈɣaˈ]	团布一代的胜利神
28.	[tʂhaˈȵˈɖiˈtɕhiaˈȵiˈɣaˈ]	团忍一代的胜利神
29.	[jaˈməˈthaˈtʂɤˈtɕhiaˈȵiˈɣaˈ]	雅玛塔一代的胜利神
30.	[jaˈməˈɣaˈtʂɤˈtɕhiaˈȵiˈɣaˈ]	雅玛嘎一代的胜利神
31.	[aˈbuˈɖiˈtɕhiaˈȵiˈɣaˈ]	阿布一代的胜利神
32.	[mbaˈzoˈɖiˈtɕhiaˈȵiˈɣaˈ]	巴若一代的胜利神
33.	[joˈzoˈɖiˈtɕhiaˈȵiˈɣaˈ]	约若一代的胜利神
34.	[khəˈzoˈthaˈtʂɤˈtɕhiaˈȵiˈɣaˈ]	科若塔一代的胜利神
35.	[ŋaˈɣaˈɖiˈtɕhiaˈȵiˈɣaˈ]	阿嘎一代的胜利神
36.	[aˈsaˈɖiˈtɕhiaˈȵiˈɣaˈ]	阿萨一代的胜利神
37.	[gaˈzoˈɖiˈtɕhiaˈȵiˈɣaˈ]	刮若一代的胜利神
38.	[laˈmaˈmuˈtʂɤˈtɕhiaˈȵiˈɣaˈ]	拉玛布一代的胜利神
39.	[laˈmaˈthaˈtʂɤˈtɕhiaˈȵiˈɣaˈ]	拉玛塔一代的胜利神
40.	[tʂhuˈɖoˈəˈtʂɤˈtɕhiaˈȵiˈɣaˈ]	初支尔一代的胜利神
41.	[aˈzoˈɖiˈtɕhiaˈȵiˈɣaˈ]	阿若一代的胜利神
42.	[aˈsaˈɖiˈtɕhiaˈȵiˈɣaˈ]	阿萨一代的胜利神
43.	[guˈmaˈzoˈɖiˈtɕhiaˈȵiˈɣaˈ]	古玛若一代的胜利神

44.	[joˈmaˈzoˈdiˈtɕʰiaˈŋiˈɣaʲ]	雅玛若一代的胜利神
45.	[xaˈbaˈzuˈtʂɤˈtɕʰiaˈŋiˈɣaʲ]	哈巴若一代的胜利神
46.	[guˈmaˈtsʰɚˈdiˈtɕʰiaˈŋiˈɣaʲ]	古玛次尔一代的胜利神
47.	[aˈzoˈdiˈtɕʰiaˈŋiˈɣaʲ]	阿若一代的胜利神
48.	[iŋˈtʂɤˈtʂɛˈɕiˈdiˈtɕʰiaˈŋiˈɣaʲ]	英支扎实一代的胜利神
49.	[mbuˈbuˈdiˈtɕʰiaˈŋiˈɣaʲ]	公布一代的胜利神
50.	[aˈɕiˈaˈtʂɤˈtɕʰiaˈŋiˈɣaʲ]	阿加一代的胜利神
51.	[mbuˈʂuˈtʂɤˈtɕʰiaˈŋiˈɣaʲ]	布书一代的胜利神
52.	[gaˈzoˈtsʰɚˈdiˈtɕʰiaˈŋiˈɣaʲ]	嘎佐次尔一代的胜利神
53.	[diˈiˈtʂɛˈɕiˈdiˈtɕʰiaˈŋiˈɣaʲ]	独吉扎实一代的胜利神
54.	[ɕiaˈnaˈdiˈtɕʰiaˈŋiˈɣaʲ]	虾那一代的胜利神
55.	[gəˈguˈtʰaˈtʂɤˈtɕʰiaˈŋiˈɣaʲ]	格公塔一代的胜利神
56.	[iŋˈtʂɤˈbyˈɕiˈdiˈtɕʰiaˈŋiˈɣaʲ]	英支独吉一代的胜利神
57.	[jaˈtsʰuˈdyˈɕiˈdiˈtɕʰiaˈŋiˈɣaʲ]	甲初独吉一代的胜利神
58.	[gaˈzoˈkʰɤˈsoˈdiˈtɕʰiaˈŋiˈɣaʲ]	嘎若品初一代的胜利神
59.	[səˈgəˈdyˈɕiˈdiˈtɕʰiaˈŋiˈɣaʲ]	生根独吉一代胜利神
60.	[miˈjaˈtsʰɚˈdiˈtɕʰiaˈŋiˈɣaʲ]	米娘次尔一代的胜利神
61.	[kʰɤˈsoˈliˈdiˈtɕʰiaˈŋiˈɣaʲ]	科左里一代的胜利神
62.	[guˈtɕʰioˈdiˈtɕʰiaˈŋiˈɣaʲ]	公冲一代的胜利神
63.	[tɕioˈtsʰoˈtʰaˈtʂɤˈtɕʰiaˈŋiˈɣaʲ]	甲初塔一代的胜利神
64.	[tɕiˈguˈkʰɤˈtʂɤˈtɕʰiaˈŋiˈɣaʲ]	机公品一代的胜利神
65.	[gaˈzoˈtsʰɚˈdiˈtɕʰiaˈŋiˈɣaʲ]	嘎若次尔一代的胜利神
66.	[xaˈbaˈtsʰɚˈdiˈtɕʰiaˈŋiˈɣaʲ]	哈巴次尔一代的胜利神
67.	[səŋˈgəˈtʰaˈtʂɤˈtɕʰiaˈŋiˈɣa]	生根塔一代的胜利神

68. [iŋˈtʂɤˈtʰaˈtʂɤˈtɕʰiaˈȵiˈɣa] 英支塔一代的胜利神
69. [kʰɤˈzoˈtʂɤˈtɕʰiaˈȵiˈɣaˈ] 克若一代的胜利神
70. [mbuˈzoˈtʂɤˈtɕʰiaˈȵiˈɣaˈ] 波若一代的胜利神
71. [dyˈliˈtsʰɚˈdiˈtɕʰiaˈȵiˈɣaˈ] 独吉次尔一代的胜利神
72. [xɑˈbaˈtsʰɚˈdiˈtɕʰiaˈȵiˈɣa] 哈巴次尔一代的胜利神
73. [səŋˈgəˈdyˈɿˈdiˈtɕʰiaˈȵiˈɣaˈ] 松农独吉一代的胜利神
74. [ɖəŋˈɖiˈtsʰɚˈdiˈtɕʰiaˈȵiˈɣaˈ] 丹丁次尔一代的胜利神
75. [ɖɛˈɕiˈɖiˈtɕʰiaˈȵiˈɣa] 扎实一代的胜利神
76. [səŋˈgəˈdyˈɿˈdiˈtɕʰiaˈȵiˈɣaˈ] 生根独吉一代的胜利神
77. [naˈlaˈdiˈtɕʰiaˈȵiˈɣaˈ] 扎拉一代的胜利神
78. [tsʰɛˈliˈdəŋˈtʂɤˈtɕʰiaˈȵiˈɣaˈ] 次里当丁一代的胜利神
79. [mbaˈtsʰɚˈdiˈtɕʰiaˈȵiˈɣa] 古玛次尔一代的胜利神
80. [xɑˈbaˈdyˈɿˈdiˈtɕʰiaˈȵiˈɣa] 哈巴独吉一代的胜利神
81. [xɑˈbaˈzoˈtʂɤˈtɕʰiaˈȵiˈɣaˈ] 哈巴若一代的胜利神
82. [gəŋˈbuˈdyˈɿˈdiˈtɕʰiaˈȵiˈɣaˈ] 波布独吉一代的胜利神
83. [iŋˈtʂɤˈtaˈɕiˈdiˈtɕʰiaˈȵiˈɣaˈ] 英支扎实一代的胜利神

287　　　　　　　　　　　　　　　　　　　　　　　　附录

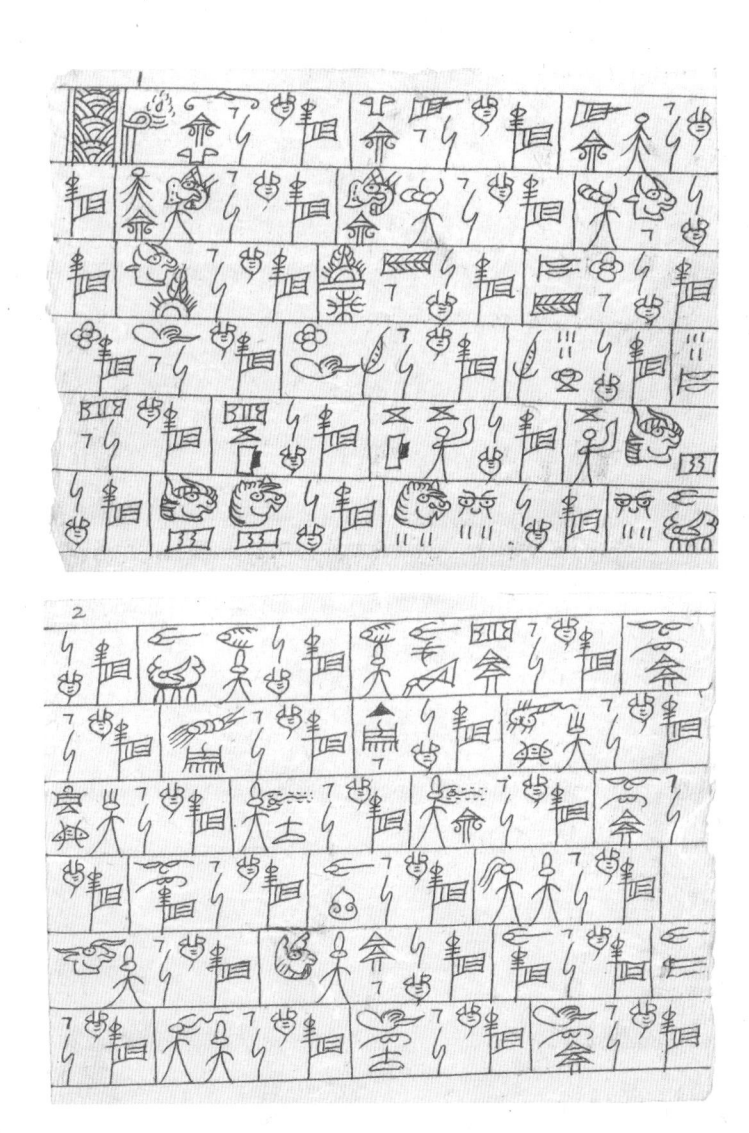

守望东巴

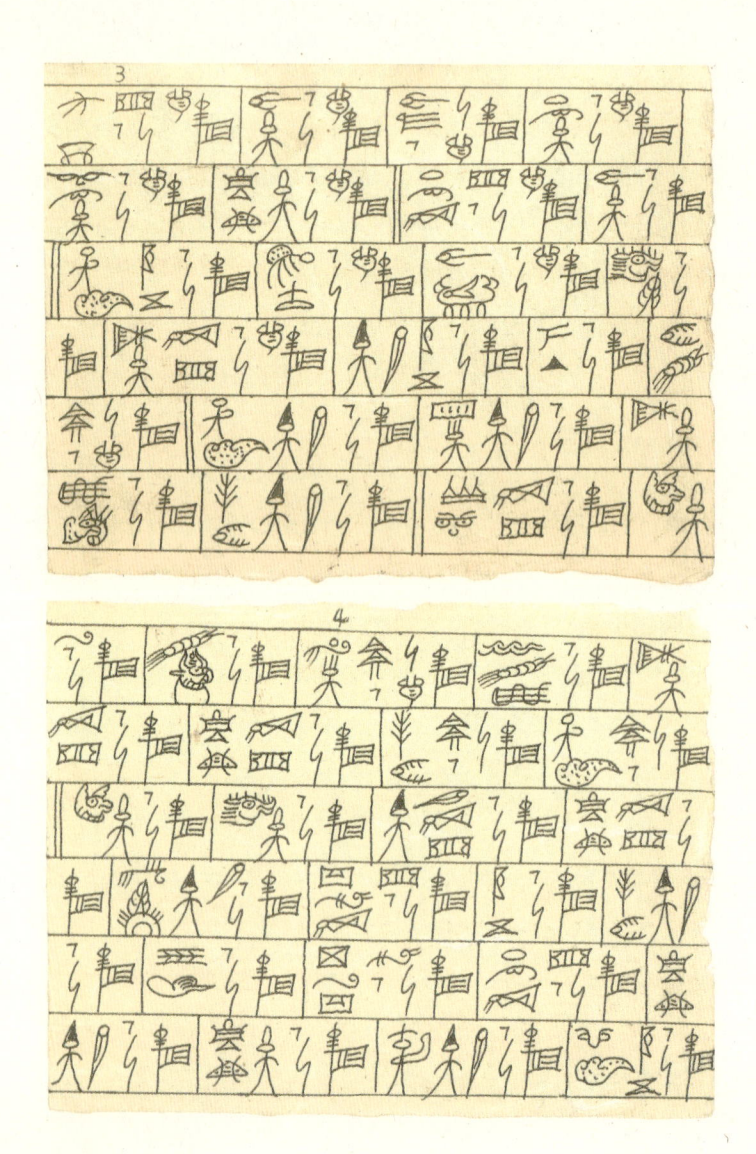

288

阿家族谱（东巴文）

石家族谱 [1]

1. [mbu˩zi˦ɕʰi˦dɯ˦tʂʰɯ˧˩]　　开天辟地的第一代
2. [ɕʰi˦la˦dy˦tʂʰɯ˧˩]　　拉多一代的胜利神
3. [ma˦dy˦jo˦zo˦tʂʰɯ˧˩]　　佑左一代的胜利神
4. [jo˩zo˧˩gu˦ma˦ɕi˦dɯ˦tʂʰɯ˧˩]　　古玛吉一代的胜利神
5. [ɣa˦baŋ˦bu˦dɯ˦tʂʰɯ˧˩]　　哈巴布一代的胜利神
6. [ɲi˦tsʰe˦dɯ˦tʂʰɯ˧˩]　　吉泽一代的胜利神
7. [ja˦a˦dɯ˦tʂʰɯ˧˩]　　佳阿一代的胜利神
8. [ŋga˦dɯ˦tʂʰɯ˧˩]　　巴嘎一代的胜利神
9. [gən˦mbu˦dɯ˦tʂʰɯ˧˩]　　干布一代的胜利神
10. [bən˩dɯ˦dɯ˦tʂʰɯ˧˩]　　邦支一代的胜利神
11. [guŋ˦mbu˦dɯ˦tʂʰɯ˧˩]　　公布一代的胜利神
12. [saŋ˦ɣa˦dɯ˦tʂʰɯ˧˩]　　生嘎一代的胜利神
13. [ɖa˦zo˦dɯ˦tʂʰɯ˧˩]　　巴佐一代的胜利神
14. [ba˦tɤ˦dɯ˦tʂʰɯ˧˩]　　巴甲一代的胜利神
15. [bən˦mbu˦tɤ˦dɯ˦tʂʰɯ˧˩]　　波布佳一代的胜利神
16. [gu˦sa˦dɯ˦tʂʰɯ˧˩]　　公撒一代的胜利神
17. [gu˦ɖe˦dɯ˦tʂʰɯ˧˩]　　公扎一代的胜利神
18. [saŋ˩gə˦tʰa˦dɯ˦tʂʰɯ˧˩]　　生根塔一代的胜利神
19. [ja˦tʰa˦dɯ˦tʂʰɯ˧˩]　　甲塔一代的胜利神

1　石家族谱国际音标-汉文对照版，由石玛宁东巴诵读，衣莉、和丽昆整理。

20.	[baˈzoˈdɯˈtʂʰɯˈ]	巴若一代的胜利神
21.	[maŋˈmbuˈtɤɹˈdɯˈtʂʰɯˈ]	男波甲一代的胜利神
22.	[baˈtʰaˈdɯˈtʂʰɯˈ]	巴塔一代的胜利神
23.	[mbuˈʂuˈdɯˈtʂʰɯˈ]	波树一代的胜利神
24.	[məŋˈmbuˈtʰaˈdɯˈtʂʰɯˈ]	波布塔一代的胜利神
25.	[jaˈmbuˈʂuˈdɯˈtʂʰɯˈ]	加波树一代的胜利神
26.	[laˈmbuˈzuˈdɯˈtʂʰɯˈ]	男波佐一代的胜利神
27.	[ɣuˈmaŋˈɣaˈdɯˈtʂʰɯˈ]	古玛嘎一代的胜利神
28.	[kʰəˈzuˈtʰaˈdɯˈtʂʰɯˈ]	棵佐塔一代的胜利神
29.	[səŋˈgəˈtɤɹˈdɯˈtʂʰɯˈ]	生根佳一代的胜利神
30.	[iˈdəuˈtsʰaˈzɤˈdɯˈtʂʰɯˈ]	英之次尔一代的胜利神
31.	[guˈtʰaˈdɯˈtʂʰɯˈ]	锅塔一代的胜利神
32.	[jaˈsaˈdɯˈtʂʰɯˈ]	甲撒一代的胜利神
33.	[gəˈtʰyˈtʰaˈdɯˈtʂʰɯˈ]	嘎土塔一代的胜利神
34.	[guˈmaˈzuˈdɯˈtʂʰɯˈ]	古玛佐一代的胜利神
35.	[baˈtɤɹˈdɯˈtʂʰɯˈ]	巴甲一代的胜利神
36.	[dyˈiˈdɯˈtʂʰɯˈ]	多吉一代的胜利神
37.	[baˈtɤɹˈdɯˈtʂʰɯˈ]	巴甲一代的胜利神
38.	[iˈdəuˈzoˈdɯˈtʂʰɯˈ]	英之若一代的胜利神
39.	[ɕaˈmaˈdɯˈtʂʰɯˈ]	祥纳一代的胜利神
40.	[baŋˈɣaˈdɯˈtʂʰɯˈ]	邦嘎一代的胜利神
41.	[suˈmoˈdɛˈɕiˈdɯˈtʂʰɯˈ]	松农扎实一代的胜利神
42.	[mbuˈʂuˈdɯˈtʂʰɯˈ]	波树一代的胜利神
43.	[gəˈguˈdɯˈtʂʰɯˈ]	格果一代的胜利神

44. [mi˧ȵia˦zu˧dɯ˦tʂʰɯ˦] 米念若一代的胜利神
45. [gu˧maŋ˦ɣa˧dɯ˦tʂʰɯ˦] 古玛嘎一代的胜利神
46. [i˧dəu˦tɚ˧dɯ˦tʂʰɯ˦] 英之佳一代的胜利神
47. [tɕi˧gu˧tsʰɿ˦ɚ˧dɯ˦tʂʰɯ˦] 吉古次尔一代的胜利神
48. [səŋ˧ɣə˦ta˧dɯ˦tʂʰɯ˦] 生根塔一代的胜利神
49. [xɑ˧bɑ˧dy˦tɕi˧dɯ˦tʂʰɯ˦] 哈巴独吉一代的胜利神
50. [gu˧tʰa˧dɯ˦tʂʰɯ˦] 公塔一代的胜利神
51. [gu˧ŋa˧dɯ˦tʂʰɯ˦] 公嘎一代的胜利神
52. [mi˧ȵia˦tsʰɿ˦ɚ˧dɯ˦tʂʰɯ˦] 米念次尔一代的胜利神
53. [i˧ndɚ˦tsʰɿ˦ɚ˧dɯ˦tʂʰɯ˦] 英之次尔一代的胜利神
54. [dɑ˧ɕi˧bi˦ɿ˧dɯ˦tʂʰɯ˦] 扎西多吉一代的胜利神
55. [jɑ˧a˦tsʰɿ˦ɚ˧dɯ˦tʂʰɯ˦] 甲阿次尔一代的胜利神
56. [bəŋ˧mbu˦tsʰɿ˦ɚ˧dɯ˦tʂʰɯ˦] 波布次尔一代的胜利神
57. [la˦ma˦zu˧dɯ˦tʂʰɯ˦] 兰玛佐一代的胜利神
58. [tɕi˧gu˧pʰe˦dɯ˦tʂʰɯ˦] 吉果品一代的胜利神
59. [xɑ˧bɑ˧tsʰɿ˦ɚ˧dɯ˦tʂʰɯ˦] 哈巴次尔一代的胜利神
60. [gu˧tɕi˧dɯ˦tʂʰɯ˦] 锅几一代的胜利神
61. [xɑ˧bɑ˧zu˦dɯ˦tʂʰɯ˦] 哈巴佐一代的胜利神
62. [tsʰɿ˦ɚ˧dɑ˦tsə˦dɯ˦tʂʰɯ˦] 次尔丹珠一代的胜利神
63. [tsʰɿ˦ɚ˧dɯ˦tʂʰɯ˦] 次尔一代的胜利神
64. [xaŋ˦tsua˧dɯ˦tʂʰɯ˦] 阿庄一代的胜利神
65. [i˧ɕiə˦dɯ˦tʂʰɯ˦] 野吓一代的胜利神
66. [waŋ˧tse˦zu˧dɯ˦tʂʰɯ˦] 帮之若一代的胜利神
67. [jo˦zu˦dʑɛ˦ɕi˧dɯ˦tʂʰɯ˦] 降初扎西一代的胜利神

68.	[iŋ˩tsə˩dɯ˧tʂhɯ˥]	英之若一代的胜利神
69.	[ga˩ta˩dɯ˧tʂhɯ˥]	嘎塔一代的胜利神
70.	[mi˩ɲia˩dɯ˧tʂhɯ˥]	米念一代的胜利神
71.	[i˩ɲa˩dɯ˧tʂhɯ˥]	永章一代的胜利神
72.	[səŋ˩gə˩dɯ˩i˩dɯ˧tʂhɯ˥]	生根独吉一代的胜利神
73.	[a˧ga˧dɯ˧tʂhɯ˥]	阿嘎一代的胜利神
74.	[a˩mo˩dɯ˧tʂhɯ˥]	阿浓一代的胜利神
75.	[so˩no˩dɯ˧tʂhɯ˥]	松农一代的胜利神
76.	[ja˧a˩bi˩tɕi˧dɯ˧tʂhɯ˥]	甲阿多吉一代的胜利神
77.	[maŋ˩ɲiu˩wo˩dɯ˧tʂhɯ˥]	玛尼瓦一代的胜利神
78.	[mbu˩ma˩tshɿ˧ɚ˩dɯ˧tʂhɯ˥]	古玛次尔一代的胜利神
79.	[ga˧zo˩dɯ˧tʂhɯ˥]	嘎若一代的胜利神
80.	[ja˧a˩tshɿ˧ɚ˩dɯ˧tʂhɯ˥]	甲阿次尔一代的胜利神
81.	[gə˩thu˧zo˩dɯ˧tʂhɯ˥]	呷土若一代的胜利神
82.	[mi˩ɲia˧zo˩dɯ˧tʂhɯ˥]	米念若一代的胜利神
83.	[i˩ndɚ˩bi˩tɕi˧dɯ˧tʂhɯ˥]	英之独几一代的胜利神
84.	[i˩ndɚ˩da˩ɕi˧dɯ˧tʂhɯ˥]	英之扎实一代的胜利神
85.	[gu˧tʂhu˩dɯ˧tʂhɯ˥]	公秋一代的胜利神
86.	[ɚ˧tʂhɯ˩dɯ˧tʂhɯ˥]	尔车一代的胜利神
87.	[səŋ˩gə˩dɯ˩i˩dɯ˧tʂhɯ˥]	生根多吉一代的胜利神
88.	[ŋgə˧tha˩dɯ˧tʂhɯ˥]	根塔一代的胜利神
89.	[naŋ˧dɯ˩dɯ˧tʂhɯ˥]	那本一代的胜利神
90.	[tshi˧zo˧dy˩i˩dɯ˧tʂhɯ˥]	次佐多吉一代的胜利神
91.	[ja˧a˩tshɿ˧ɚ˩dɯ˧tʂhɯ˥]	甲阿次尔一代的胜利神

92. [nɑ˦lɑ˦dɯ˦tʂʰɯ˦] 扎拉一代的胜利神
93. [i˦ndɚ˦tsʰɿ˦ɚ˦dɯ˦tʂʰɯ˦] 英之次尔一代的胜利神
94. [baŋ˦ga˦dɯ˦tʂʰɯ˦] 巴干一代的胜利神
95. [baŋ˦bu˦tsʰɿ˦ɚ˦dɯ˦tʂʰɯ˦] 波布次尔一代的胜利神
96. [dy˦tɕi˦dɯ˦tʂʰɯ˦] 多吉一代的胜利神
97. [tsʰɛ˦li˦dɯ˦tʂʰɯ˦] 泽里一代的胜利神
98. [saŋ˦gə˦dy˦i˦dɯ˦tʂʰɯ˦] 生根独吉一代的胜利神
99. [baŋ˦mbu˦dy˦i˦dɯ˦tʂʰɯ˦] 博布独吉一代的胜利神
100. [ga˦zo˦dɯ˦tʂʰɯ˦] 呷若一代的胜利神
101. [maŋ˦mbu˦dy˦i˦dɯ˦tʂʰɯ˦] 农布一代的胜利神
102. [saŋ˦un˦bi˦i˦dɯ˦tʂʰɯ˦] 松农独吉一代的胜利神
103. [ɯ˦tɕi˦dɯ˦tʂʰɯ˦] 文君一代的胜利神
104. [gu˦tʂʰu˦dɯ˦tʂʰɯ˦] 公秋一代的胜利神
105. [ga˦zo˦dɯ˦tʂʰɯ˦] 嘎左一代的胜利神
106. [tsʰə˦zu˦dy˦i˦dɯ˦tʂʰɯ˦] 次佐一代的胜利神
107. [ɚ˦tɕʰi˦dɛ˦ɕi˦dɯ˦tʂʰɯ˦] 尔车扎实一代的胜利神
108. [da˦ɕi˦tsʰe˦ræ˦dɯ˦tʂʰɯ˦] 扎泽一代的胜利神
109. [i˦ɕo˦dy˦i˦dɯ˦tʂʰɯ˦] 玉吓独吉一代的胜利神
110. [da˦ɕi˦dɯ˦tʂʰɯ˦] 扎西一代的胜利神
111. [kʰo˦zo˦dɯ˦tʂʰɯ˦] 棵若一代的胜利神
112. [u˦maŋ˦ɣa˦dɯ˦tʂʰɯ˦] 阿嘎一代的胜利神
113. [da˦ɕi˦nu˦bu˦dɯ˦tʂʰɯ˦] 扎西农布一代的胜利神
114. [saŋ˦ɣə˦d̠ʑi˦dɯ˦tʂʰɯ˦] 生根一代的胜利神
115. [so˦mo˦dɯ˦tʂʰɯ˦] 松农一代的胜利神

116. [jo˩ɣa˩dɯ˦tʂʰɯ˦]　　　永章一代的胜利神
117. [baŋ˩zo˩dɯ˦tʂʰɯ˦]　　　巴若一代的胜利神
118. [i˦ndɚ˦da˩ɕi˦dɯ˦tʂʰɯ˦]　　英之一代的胜利神
119. [baŋ˩dy˩zo˩dɯ˦tʂʰɯ˦]　　帮之若一代的胜利神

附录

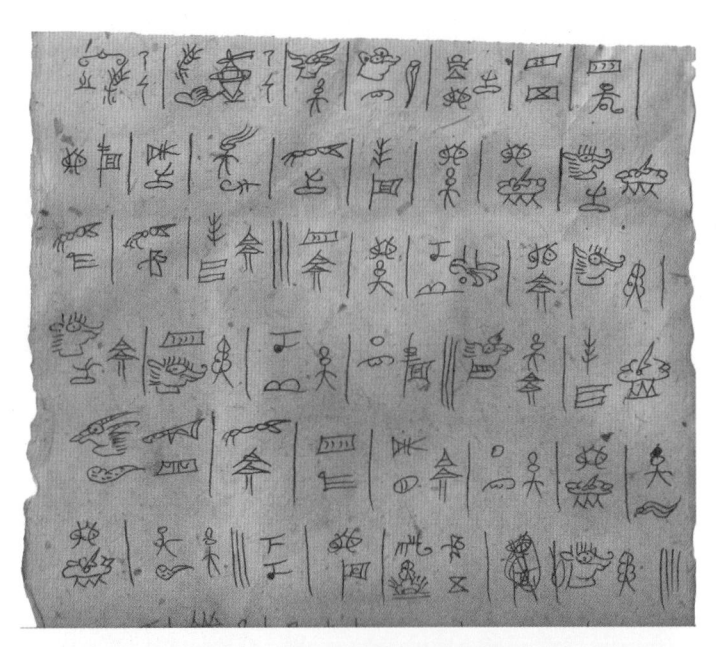

守望东巴

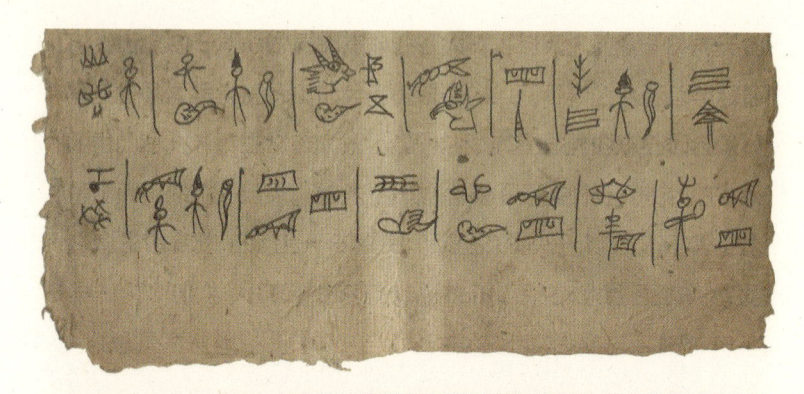

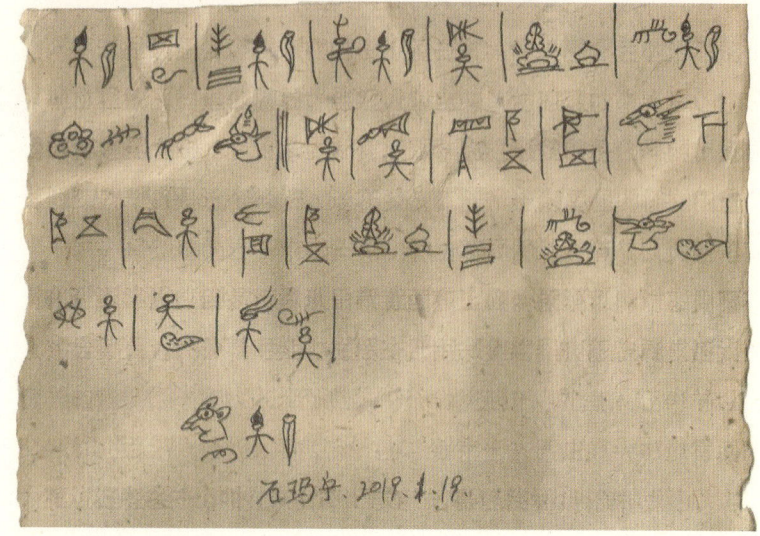

石家族谱（东巴文）